Achtsamkeit in Vipassana-Meditation
und Psychotherapie

Schriften zur Meditation und Meditationsforschung

Herausgegeben von Klaus Engel,
Roderich Wahsner und Harald Walach

Band 2

PETER LANG
Frankfurt am Main · Berlin · Bern · Bruxelles · New York · Oxford · Wien

Nina Buchheld

Achtsamkeit in Vipassana-Meditation und Psychotherapie

Die Entwicklung des „Freiburger Fragebogens zur Achtsamkeit" (FFA)

PETER LANG
Europäischer Verlag der Wissenschaften

Die Deutsche Bibliothek - CIP-Einheitsaufnahme

Buchheld, Nina:

Achtsamkeit in Vipassana-Meditation und Psychotherapie : die Entwicklung des „Freiburger Fragebogens zur Achtsamkeit" (FFA) / Nina Buchheld. - Frankfurt am Main ; Berlin ; Bern ; Bruxelles ; New York ; Oxford ; Wien : Lang, 2000
(Schriften zur Meditation und Meditationsforschung ; Bd. 2)
ISBN 3-631-37153-5

ISSN 1615-469X
ISBN 3-631-37153-5

Für Suzie,
eine liebe Freundin

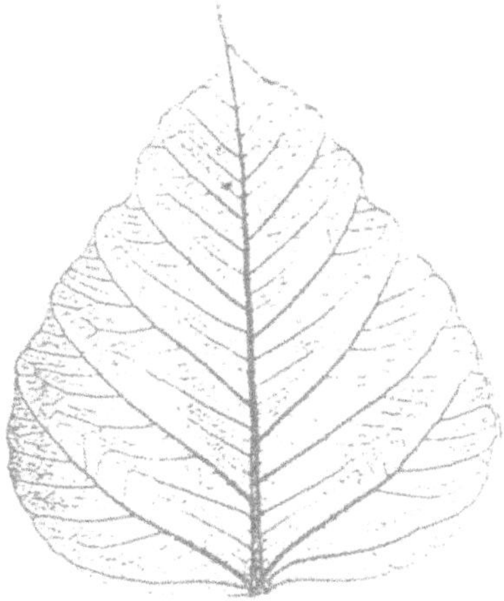

ACHTSAMKEIT

Es gibt kein Hoch und kein Gering.
Wichtig ist Achtsamkeit.

Wo Achtsamkeit ist, steigt das Geringe
und mäßigt sich das Hohe:
hell steht alles im stufenlosen Raum.

Fehlt aber Achtsamkeit,
dann bläht eitel sich das Hohe
und flieht verschämt das Geringe,
Hohes wird zur Maske,
Geringes zur Zuflucht und Ausrede.

Einzig Achtsamkeit adelt alles
in stufenlos heller Welt.

Bernd Gundermann

Vorwort des Herausgebers

Die Buchreihe zur Meditationsforschung war mit einer Arbeit von Thomas Hohn, zu dem wohl wichtigsten Vertreter unserer eigenen Tradition: Meister Eckart, eingeleitet worden.

Nina Buchheld wendet sich dem zentralen buddhistischen Ansatz: ‚sati‘ – Achtsamkeit zu. Nicht nur in der traditionell-ursprünglichen Form des Buddhismus spielt die Achtsamkeitsmeditation eine entscheidende Rolle, auch andere Richtungen z. B. Zen ließen sich mit diesem Konzept interpretieren.

Die übungstechnischen Ausformulierungen von ‚sati‘ in der Vipassana-Meditation und deren Operationalisierung durch die Items des neu entwickelten „Freiburger Fragebogens zur Achtsamkeit“ (FFA) von Buchheld und Walach gibt uns die Möglichkeit, meditative Entwicklung zu validieren und auch zwischen den Schulen Vergleiche herzustellen. Das Konzept der Achtsamkeit (in der Beschreibung der Christlichen Kontemplation z. B. von Michael Platting Aufmerksamkeit genannt) ist so kulturübergreifend, daß die Meditationsforschung insgesamt von der Arbeit Nina Buchhelds profitieren wird.

Der methodisch aufwendigen Fragebogen-Entwicklung wünschen wir weite Verbreitung, denn sie gestattet Anwendungsarbeiten weiter voranzubringen, z. B. in der Identifizierung der ‚responder‘: wer profitiert von welchem Meditationsansatz. Nicht mehr was theoretisch richtig oder übungstechnisch für bedeutsam gehalten wird steht im Vordergrund. Der Fragebogen gestattet uns abzuschätzen, was für wen effektiv ist.

Nina Buchheld leistet für den klassisch-buddhistischen Ansatz - aber auch für die gesamte meditative Bewegung - einen so wichtigen Beitrag, daß wir dem Buch wünschen, es werde von Meditierenden und Meditationslehrerinnen und –lehrern gebührend aufgenommen.

Der letzte Diskurs eines der großen Meditationslehrer unserer Zeit endete mit: „Das letzte Wort Buddhas war: ‚Samma sati‘: Erinnere Dich daran, daß Du ein Buddha bist. ‚Sammasati‘.“

Für diesen Ansatz jetzt einen objektivierenden Fragebogen zu haben, der in weiteren Studien eingesetzt und verbessert werden kann, halten wir für einen großen Gewinn.

Dortmund, im September 2000 Prof. K. Engel

Vorwort

Wie alle Wesen ist der Mensch Teil des Ganzen, das wir „Universum" nennen, und rein äußerlich betrachtet von Raum und Zeit begrenzt. Er erfährt sich, seine Gedanken und Gefühle als etwas, das ihn von anderen trennt, aber dies ist eine Art optische Täuschung des Bewußtseins. Diese Täuschung ist wie ein Gefängnis, das unsere persönlichen Wünsche und unsere Zuneigung auf einige wenige Menschen beschränkt, mit denen wir näher zu tun haben. Unsere wirkliche Aufgabe besteht darin, uns aus diesem Gefängnis zu befreien, indem wir unser Mitgefühl und unsere Fürsorge auf alle Wesen und die Natur in ihrer ganzen Schönheit gleichermaßen ausdehnen. Auch wenn uns dies nicht vollständig gelingt, so ist doch bereits das Streben nach diesem Ziel Teil der Befreiung und die Grundlage für das Erlangen inneren Gleichgewichts.

Albert Einstein

Diese Arbeit wäre ohne die großzügige Hilfe und Unterstützung von verschiedenen Personen nicht möglich gewesen. An dieser Stelle möchte ich ihnen allen herzlich danken.

Mein großer Dank gilt Herrn PD Dr. Dr. Harald Walach, der es mir ermöglichte mein „Herzensthema" zur Diplomarbeit zu entwickeln und mich dabei auf sehr kompetente und ermutigende Weise betreute.

Ich möchte mich ebenfalls sehr bei Herrn Prof. Dr. Dr. Klaus Engel für sein Interesse an der Arbeit und seine wertvolle Unterstützung bedanken.

Herrn Prof. Dr. Johannes Mischo und dem „Institut für Grenzgebiete der Psychologie und Psychohygiene e.V. (IGPP)" danke ich für ihre großzügige finanzielle Hilfe zur Publikation.

Bei Marcus Majumdar, einem „Vorreiter" dieser Arbeit, möchte ich mich für seine fachliche und selbstlose Unterstützung, insbesondere bei der Konkretisierung und Ausarbeitung der Themenwahl bedanken.

Mein besonderer Dank gilt Katrin Nowack, Britta Möckelmann und Christine Gebhardt, die mir unermüdlich insbesondere bei der „Beendigung" dieser Arbeit wesentlichen Beistand leisteten.

Fred von Allmen und Marie Mannschatz danke ich für ihr Interesse, ihre wertvollen inhaltlichen Hinweise, ihre Hilfe bei der Durchführung der Untersuchung und ihre für mich wesentliche persönliche Unterstützung.

Sylvia Wetzel und Ursula Flückiger waren weiterhin maßgeblich an der Durchführung der Untersuchung beteiligt und gaben bereichernde inhaltliche Anregungen zum Fragebogen.

Dorothea Galuska, Paul Köppler, Ulrich Küstner, Sylvia Kolk und Annabelle Dagmar Zinser erteilten mir kompetente Rückmeldungen zur inhaltlichen Validität des Fragebogens.

Susanne Steinhusen, Ron Müller, Michael Fritz, Doris Leber, Daniel Preckel, Ute Schäfer und Thomas Berger unterstützten mich durch hilfreiche Anmerkungen zu methodischen, inhaltlichen und sprachlichen Aspekten dieser Arbeit.

Die Organisatorinnen und Organisatoren der „Dhamma Gruppe Schweiz“ sowie die „Engls“ schafften die Rahmenbedingungen für die Achtsamkeitsmeditationskurse und halfen bei der Durchführung der Studie.

Die Teilnehmerinnen und Teilnehmer der Befragung stellten ihre Zeit und ihre persönlichen Daten zur Verfügung.

Ihnen allen möchte ich von ganzem Herzen danken.

Und zum Schluß aber nicht letztens möchte ich mich bei meinen Eltern, meiner Schwester, meinen Lehrerinnen und Lehrern, Freundinnen und Freunden bedanken, die mir helfen, nicht nur über Achtsamkeit zu schreiben, sondern sie auch (ein Stück weit) zu leben.

Freiburg, im September 2000 Nina Buchheld

Inhaltsverzeichnis

1. EINLEITUNG

> Seid euch selber führendes Licht, seid euch selber Zuflucht, nehmt niemand sonst als Zuflucht! Nehmt den inneren Weg als führendes Licht, nehmt den inneren Weg als Zuflucht, nehmt nichts anderes als Zuflucht!
>
> *Der Buddha*

Zunehmend mehr Menschen, Wissenschaftler und Laien, interessieren sich für die östlichen Weisheitstraditionen und versuchen diese, in ihr Leben, ihre Forschung und Praxis zu integrieren. Dieser Trend spiegelt sich zum Teil auch in verschiedenen Synthesen der buddhistischen Lehre mit westlichen Wissenschaftsdisziplinen wider (vgl. Dalai Lama, 1989, 1993; Goleman, 1998; Hayward & Varela, 1998; Varela, 1998).

Eine wesentliche Schnittstelle von Buddhismus, klinischer Psychologie und Psychotherapie bildet die Achtsamkeit (vgl. Tart, 1996). Sie ist die unmittelbar abhängige Variable der aus der buddhistischen Theravada-Tradition stammenden Vipassana- oder Achtsamkeitsmeditation.

Die Besonderheit von Achtsamkeit und Achtsamkeitsmeditation ist, dass sie sich auf alle *natürlichen* körperlichen und geistigen Prozesse bezieht. Dabei wird lediglich das betrachtet, was momentan stattfindet, ohne zu bewerten oder zu manipulieren.

Dennoch soll Achtsamkeit hier nicht als etwas primär Buddhistisches herausgestellt werden; sie ist ein wichtiger Bestandteil verschiedener spiritueller und religiöser Traditionen. Vielmehr dienen die Bedeutung und die Merkmale von Achtsamkeit im buddhistischen Lehrgebäude ihrer theoretischen Präzisierung. Außerdem wurden bereits neue, effiziente Therapieformen und –konzepte entwickelt, die auf eben diesen „buddhistischen Kriterien" von Achtsamkeit basieren (vgl. Galuska & Galuska, 1999; Kabat-Zinn, 1996; Linehan, 1996; Scholz, 1992; Teasdale, 1999).

Das Konstrukt Achtsamkeit wurde trotz dieser aktuellen Entwicklungen noch nicht empirisch überprüft.

In der vorliegenden Diplomarbeit wird die Entwicklung des „Freiburger Fragebogens zur Achtsamkeit" (FFA) dargestellt. Das übergeordnete Ziel ist, ein geeignetes Instrument zur Erfassung von Achtsamkeit bereitzustellen und dadurch den Weg für zukünftige Forschung über Wirkung und Charakteristika von Achtsamkeit und Achtsamkeitsmeditation zu bahnen.

Die Arbeit gliedert sich in fünf große Bereiche: Theorie (Kap. 2.), Methode (Kap. 3.), Ergebnisse (Kap. 4.), Diskussion (Kap. 5.) und eine abschließende Kurzzusammenfassung (Kap. 6.).

Der theoretische Teil befasst sich mit einer Darstellung der Vipassana-Meditation und einer Analyse von Achtsamkeit. Das Kapitel Methode beschreibt das Vorgehen bei der Entwicklung des Fragebogens zur Achtsamkeit. Im Ergebnisteil wird die Vorform des Fragebogens einer Itemanalyse unterzogen und die Endform hinsichtlich ihrer faktoriellen Struktur überprüft. Im letzten Kapitel werden die Ergebnisse der vorliegenden Untersuchung diskutiert. Die Kurzzusammenfassung stellt die wesentlichen Ergebnisse dieser Arbeit in komprimierter Form dar.

Die Begriffe Vipassana(-Meditation) und Achtsamkeitsmeditation werden hier synonym verwendet. Während Vipassana (‚Einsicht') eher das Ziel dieser Technik verdeutlicht, stellt der Begriff Achtsamkeitsmeditation den „Weg" in den Vordergrund.

Die buddhistischen Fachtermini auf Pali, der Sprache zu Zeiten des historischen Buddha, sind der deutschen Übersetzung kursiv und in Klammern beigefügt.

2. THEORIE

> Jeder Augenblick der Praxis ist auch das Ziel der Praxis: Achtsamkeit, einfache Bewusstheit dessen, was ist.
> *Stephen Levine*

Nach Klärungen und Definitionen der zugrundeliegenden Begriffe (Kap. 2.1.) erfolgt eine Darstellung der Vipassana-Meditation, ihren Ursprüngen, Ausbreitung, Methoden und Zielen (Kap. 2.2.). Das Kapitel 2.3. stellt eine Analyse von Achtsamkeit dar. Hier finden sowohl die buddhistischen Lehren eine Berücksichtigung (Kap. 2.3.1.) als auch westliche psychologisch-psychotherapeutische Konzepte und Fachbegriffe sowie der aktuelle Forschungsstand zu Achtsamkeit und Achtsamkeitsmeditation (Kap. 2.3.2.). In Kapitel 2.4. werden die Gemeinsamkeiten und Unterschiede von Achtsamkeitsmeditation und Psychotherapie aufgeführt und auf eventuelle Nebenwirkungen und Kontraindikationen hingewiesen. Abschließend erfolgt eine zusammenfassende Darstellung der Ergebnisse des Theorieteils (Kap. 2.5.). Die dort herausgestellten Charakteristika von Achtsamkeit bilden eine wesentliche Grundlage für die Operationalisierung von Achtsamkeit anhand des Fragebogens.

2.1. Begriffsklärungen und Definitionen

In diesem Kapitel werden die wesentlichen dieser Arbeit zugrundeliegenden Begriffe Achtsamkeit (Kap. 2.1.1.), Meditation (Kap. 2.1.2.) und Vipassana (Kap. 2.1.3.) näher erläutert.

2.1.1. Achtsamkeit

An dieser Stelle bildet eine erste „Arbeitsdefinition" von Achtsamkeit die Grundlage für die weitere Analyse des Konstrukts.

Der Begriff Achtsamkeit (engl. ‚mindfulness') stammt etymologisch gesehen von der Wurzel ‚Acht' definiert als „Aufmerksamkeit" ab (Etymologisches Wörterbuch des Deutschen, 1993). Das Adjektiv achtsam bedeutet demnach „aufmerksam, wachsam" oder auch „vorsichtig, sorgfältig". Achtsamkeit ist das „Achtsamsein" oder das „achtsame Wesen, Verhalten" (Duden, 1999).

Obwohl diese Begriffsklärungen die Bedeutung der Aufmerksamkeit und den intrinsischen Praxisbezug von Achtsamkeit, d.h. ihre notwendige Äußerung im konkreten Verhalten widerspiegeln, geht das der vorliegenden Diplomarbeit zugrundeliegende Verständnis von Achtsamkeit über diese im allgemeinen Sprachgebrauch verwandte Definition hinaus.

Die hier beschriebene Art von Aufmerksamkeit ist bewusst, im gegenwärtigen Moment verweilend und ohne zu urteilen (Kabat-Zinn, 1998).

In den buddhistischen Schriften stellt Achtsamkeit eine Übersetzung des Pali-Wortes ‚*sati*' dar. ‚*Sati*' hat außerdem die Bedeutung „Besinnung", „Gedächtnis" und „Erinnerung". Achtsamkeit ist demnach auch eine Handlung des Sich Erinnerns an das, was gerade im Moment stattfindet (Conze, 1993; Gruber, 1997).

Achtsamkeit ist weiterhin „das aufmerksame, unvoreingenommene Beobachten aller Phänomene, um sie wahrzunehmen und zu erfahren, wie sie in Wirklichkeit sind, ohne sie emotional oder intellektuell zu verzerren" (Solé-Leris, 1994, S. 26). Sie bezieht sich auf die bloßen Fakten der Wahrnehmung, ohne zu bewerten, zu interpretieren oder zu reagieren (Epstein, 1996). Die Kunst der Achtsamkeit besteht darin, die gegenwärtigen Erfahrungen weder zu unterdrücken, noch sich in ihnen zu verlieren (Goleman, 1996).

2.1.2. Meditation

In dem Begriff Meditation steckt einerseits die Wurzel von ‚medium' – „seine und der Welt Mitte als eine zu erfahren" (Scharfetter, 1983, S. 27) als auch „messen" – das eigene rechte, innere Maß zu finden (Kabat-Zinn, 1996). Das lateinische ‚meditari' wird häufig mit „Innenschau" übersetzt (Bitter, 1973).

Wie die etymologische Betrachtung schon zeigt, wird der Begriff Meditation sehr verschieden interpretiert. Autoren definieren Meditation in Abhängigkeit von ihrer Wirkung und ihren Zielen (Carrington, 1983; Naranjo & Ornstein, 1976), ihren spezifischen Formen und Inhalten (Engel, 1999; Goleman, 1997; McDonald, 1994) oder der Art des Umgangs mit auftretenden Gedanken (Carrington & Ephron, 1975; Bühler & Fischer, 1983).

Die folgende Definition berücksichtigt dieses „Dilemma der Vielfalt“ und beschreibt vor allem den Meditationsprozess mit seinen wesentlichen allgemeingültigen Variablen Bemühen, Bewusstheit und Aufmerksamkeit:

Meditation steht für eine Gruppe von Techniken, die alle den bewussten Versuch zum Ziel haben, die Aufmerksamkeit in nicht-analysierender Weise zu konzentrieren und nicht seinen Gedanken in grüblerischer Weise nachzuhängen (Shapiro, 1987, S. 50).

Quekelberghe (1991) betrachtet die Meditation aus psychologischer Sicht „u.a. als die Einübung einer vertieften Achtsamkeit im Umgang mit dem eigenen Handeln und Erleben“(S. 155).

2.1.3. Vipassana

Vipassana bedeutet wörtlich „Intuitives Wissen“, „Inneres Verstehen“ oder „Hellblick“ (Gruber, 1997). Gemeint ist hiermit das intuitive Erkennen aller Daseinserscheinungen als vergänglich, nicht hinreichend und unpersönlich (Nyanatiloka, 1981) (s. Kap. 2.3.3.).

Objekte der Meditation sind dabei die eigenen körperlichen und geistigen Prozesse, deren Wandel, Nicht-Hinreichen, Nicht-Selbstheit und Bedingtheit intuitiv erkannt und empirisch erfahren werden sollen. Diese auf der eigenen Erfahrung basierende direkte Schau der Wirklichkeit wird auf der Grundlage der achtsamen Betrachtung des natürlichen Atemvorganges geübt (Scharfetter, 1983).

Vipassana ist also ein „Weg der Einsicht“ (Goleman, 1997), der mit einer Entwicklung und Vervollkommnung von Achtsamkeit einher geht.

Dementsprechend wird die Vipassana-Meditation im deutschen Sprachraum als Einsichts-, Erkenntnis-, oder Klarblicksmeditation übersetzt; mittlerweile findet jedoch auch die Bezeichnung Achtsamkeitsmeditation weite Verbreitung.

2.2. Zum Gegenstand der Vipassana-Meditation

In diesem Kapitel wird auf die Vipassana-Meditation näher eingegangen, welche in der vorliegenden Arbeit der Erforschung des Konstrukts Achtsamkeit dient.

Nach einer Darstellung der geschichtlichen Entwicklung (Kap. 2.2.1.) und der Methode (Kap. 2.2.2.) von Vipassana-Meditation, erfolgt die Herstellung eines Bezugs zum Gesamtkontext der Lehre des Buddha (Kap. 2.2.3.).

Die zum Verständnis der Achtsamkeitspraxis notwendigen vom historischen Buddha gelehrten Merkmale der menschlichen Existenz werden hier erläutert und soweit vorhanden mit westlichen Forschungsergebnissen angereichert. Anschließend werden die mit der Vipassana-Meditation verfolgten Ziele, differenziert nach spirituellen und psychologischen Zielen, aufgeführt (Kap. 2.2.4.).

2.2.1. Geschichtliche Entwicklung

2.2.1.1. Ursprünge

Der Theravada („Lehre der Ältesten") ist eine frühbuddhistische Richtung, die heute hauptsächlich in Südostasien und Sri Lanka vertreten ist. Das Vipassana beruht auf dem Pali-Kanon, welcher die ältesten vollständig überlieferten Reden des Buddha (6.-5. Jh.v.Chr.) enthält. Die Methode basiert hauptsächlich auf zwei der im Pali-Kanon dargestellten Praxislehren: die ‚Rede von den Vergegenwärtigungen der Achtsamkeit' *(satipatthana sutta)* – oft auch ‚Grundlagen der Achtsamkeit' genannt - und die ‚Rede vom Bewussten Ein- und Ausatmen' *(anapanasati sutta)* (Gruber, 1999) (s. Kap. 2.3.1.2.).

Bei allen im Pali-Kanon dargestellten Reden handelt es sich nicht um metaphysisch-philosophische Theorien oder Annahmen, sondern um Äußerungen empirisch-erfahrbarer, fundamentaler Tatsachen und Merkmale der menschlichen Existenz (Gruber, 1999). Insofern stellt die Lehre des Buddha eine „Kunst zu leben" (Goenka, 1999; Hart, 1996) dar.

2.2.1.2. Ausbreitung im Osten und im Westen

Soweit nicht anders gekennzeichnet, sind die inhaltlichen Darstellungen dieses Kapitels dem Werk von Gruber (1999) entnommen.

Zu Beginn des 20. Jahrhunderts fand eine sogenannte „Modernisierungsbewegung" des Theravada in Südostasien statt. Ihre Hauptvertreter waren die thailändischen Mönche Ajahn Chah (1918-1992) und Ajahn Buddhadasa (1906-1993), der burmesische Mönch Mahasi Sayadaw (1904-1982) und U Ba Khin (1899-1971), ein hoher Regierungsbeamter von Burma. Sie durchbrachen das über Jahrhunderte bestehende orthodoxe „Monopol" der Klöster auf dem Befreiungsweg, indem sie in zunehmendem Masse auch Laien lehrten. Eine Grundlage für diese Entwicklung war die Erkenntnis, dass nicht erst vollständige Konzentration erreicht werden muss, um Achtsamkeitsmeditation zu praktizieren. Unter den Anhängern der oben genannten einflussreichen Vipassana-Meister befanden sich auch einige westliche Schüler.

Die Ausbreitung des westlichen Vipassana liegt folglich in zwei Strömungen begründet:

- Die bekannten westlichen Vipassana-Lehrenden praktizierten intensiv unter den oben genannten Meistern oder ihren Hauptschülerinnen und -schülern. Sie bilden die „erste Generation" westlicher Vipassana-Lehrerinnen und Lehrern, welche die Achtsamkeitspraxis in ihr Heimatland eingeführt haben.
- Die weitere für den Westen einflussreiche und weltweit am meisten verbreitete „Vipassana-Bewegung" ist auf S.N. Goenka, einem Schüler von U Ba Khin zurückzuführen.

Im folgenden werden die aktuellen Entwicklungen dieser beiden westlichen Vipassana-Richtungen mit ihren bekanntesten Hauptvertretern dargestellt.

1976 gründeten Joseph Goldstein, Sharon Salzberg und Jack Kornfield nach ihrer Rückkehr aus Asien zusammen mit Jaqueline Shwartz die „Insight Meditation Society“ in Barre, Massachusetts. Die Autoren Daniel Goleman, Mark Epstein und Jon Kabat-Zinn „zählen zu den langjährig mit diesem Zentrum verbundenen Praktizierenden“ (S. 109). Das „Gaia House“ in England wurde von Christopher Titmuss und Christina Feldmann 1984 ins Leben gerufen. Jack Kornfield gründete 1989 zusammen mit Sylvia Boorstein und James Baraz das „Spirit Rock Meditation Center“ in Kalifornien. Um Fred von Allmen entstand die „Dhamma Gruppe Schweiz“, die seit 1978 regelmäßig Vipassana-Kurse anbietet und seit Herbst 2000 über ein eigenes Kurshaus in Beatenberg verfügt. In den oben genannten Vipassana-Meditationszentren besteht das ganze Jahr über die Möglichkeit, an „Klausuren“ (engl. ‚retreat‘) unterschiedlicher Dauer teilzunehmen.

Carol Wilson und Ruth Denison gehören ebenfalls zu den bekannten Lehrenden, die das Vipassana in den Westen einführten und es prägten. Schon seit längerer Zeit bildet diese „erste Generation“ westlicher Vipassana-Lehrer die „zweite Generation“ aus. Nachkommende deutschsprachige Lehrende, die selbst schon seit längerer Zeit Vipassana-Kurse leiten, sind u.a. Ursula Flückiger, Marie Mannschatz und Annabelle Dagmar Zinser.

Eine weitere einflussreiche und weltweit geachtete Vipassana-Lehrerin ist die deutsche Nonne Ayya Khema (verstorben 1997), die 1989 das vielbesuchte „Buddha-Haus“ im Allgäu und in unmittelbarer Nähe das erste buddhistische Waldkloster in Deutschland („Metta Vihara“) gründete. Sie bildete ebenfalls zahlreiche Assistenz-Lehrende aus; unter ihnen Dorothea und Joachim Galuska und Sylvia Kolk.

Einige der oben genannten deutschsprachigen Vipassana-Lehrerinnen und -Lehrer sind maßgeblich an der inhaltlichen Validierung des im empirischen Teil dieser Arbeit entwickelten Fragebogens beteiligt.

Der Inder S.N. Goenka, ehemals ein international erfolgreicher Geschäftsmann, hat bis zum heutigen Zeitpunkt mehr als 50 Vipassana-Zentren aufgebaut. Es besteht in über 90 Ländern die Möglichkeit, an Kursen dieses Vipassana-Ansatzes („Goenka-Kursen“) teilzunehmen.

S.N. Goenka unterscheidet sich von den anderen Vipassana-Lehrenden durch ein sehr striktes, methodisch kontrolliertes Vorgehen, ein strukturiertes Kurssystem und „eine klare Abgrenzung zu anderen Vipassana- und Meditationsmethoden“ (S. 145). Der inhaltliche und zeitliche Ablauf der meist 10-tägigen Kurse wird mittels Videovorträgen und von ihm ausgebildeten Assistenzlehrern überall auf der Welt gleich abgehalten.

Goenka und Munindra, ein Hauptschüler von Mahasi Sayadaw, lehrten auch viele westliche Vipassana-Lehrende der ersten Generation z.B. Fred von Allmen und

Joseph Goldstein. Dem sehr pragmatisch orientierten Goenka ist ebenfalls anzurechnen, die Vipassana-Meditation sowohl im Westen als auch im Osten unter Laien und Anhängern verschiedener Religionen verbreitet zu haben.
Die Achtsamkeitsmeditation generell stellt in den USA mittlerweile die populärste buddhistische Strömung dar.

2.2.2. Zur Methode der Achtsamkeitsmeditation

Allmen (1990) gibt in der folgenden Meditationsanleitung die Essenz der Achtsamkeitsübung wieder:

Objekt der Meditation, des Gewahrseins, ist ... die Erfahrung des Momentes; seien es die Körperempfindungen, die Bewegung des Atems, die Gefühle, die Sinneswahrnehmungen, die Gedanken und Bilder unseres Geistes oder das Bewusstsein selber. Von Moment zu Moment sind wir in direktem Kontakt mit jeder Erfahrung, jeder Wahrnehmung, und sehen sie wach und klar als das, was sie ist, ohne uns darin zu verlieren – ein einfaches, aber nicht leichtes Unterfangen (S.24 ff.).

Die Vipassana-Meditation gliedert sich in „formelle" und „informelle" Praxis, die beide gleichermaßen von Bedeutung sind.
Formell beinhaltet die Vipassana-Meditation Achtsamkeitsübungen in allen im Alltag auftretenden Körperpositionen (Sitzen, Gehen, Stehen, Liegen). Die Aufmerksamkeit wird auf diese Weise systematisch geschult, mit dem Ziel, dass sie auch während der alltäglichen Anforderungen, die in eben diesen Körperpositionen vollzogen werden, erhalten bleibt (Gruber, 1999).
Die grundlegende Übung ist die ‚Atembetrachtung' während der Sitzmeditation. Hierbei nimmt der Meditierende Kontakt mit dem Atem auf, ohne diesen zu manipulieren oder zu kontrollieren. Dabei ist die Konzentration auf einen konkreten Angelpunkt zwischen Atem und Körperempfindung hilfreich; z.B. das Heben und Senken der Bauchdecke oder das Ein- und Ausströmen des Atems durch die Nasenlöcher.
Der natürliche Atemvorgang als Anker der Achtsamkeit ist hier besonders geeignet, da er eine Verbindung zwischen Körper und Geist und eine lebenswichtige, kontinuierliche und neutrale Erfahrung darstellt (Allmen, 1990).
Abschweifende Gedanken, Gefühle oder Phantasien sollen wertfrei und neutral zur Kenntnis genommen und dann wieder zum Atem zurückgekehrt werden. Die Kultivierung der Achtsamkeit besteht genau in diesem Prozess des Aufwachens aus Gedanken, des Sich-Erinnerns, gegenwärtig zu sein (Allmen, 1997).
Tauchen bestimmte Gedanken und Gefühle immer wieder auf, können diese ebenfalls zum Objekt der Achtsamkeit gemacht werden. Bei der Vipassana-Meditation wird demnach kein Vorgang als Ablenkung bezeichnet.
Weiterhin werden alle Erfahrungen und Wahrnehmungen gleich behandelt, indem der Prozess ihres Entstehens und Vergehens und nicht ihr spezifischer Inhalt betrachtet wird (Brown & Engler, 1988a; Kabat-Zinn, 1982).

Bei der ebenfalls viel praktizierten Gehmeditation richtet sich die Achtsamkeit primär auf die Körperempfindungen, die durch das Heben und Senken der Beine und Füße entstehen (Titmuss, 1998; Allmen, 1997; Levine, 1997).
Weitere Anleitungen zur Vipassana-Meditation können die Achtsamkeit auf Sinneswahrnehmungen (z.B. Hören, Sehen), Körperempfindungen, Gefühle, Gedanken und Stimmungen beinhalten.
Das Gewahrsein wird also mit dem Fortschreiten der formalen Übungen zunehmend geöffnet bis hin zu einem Zustand der „wahllosen Bewusstheit" (engl. ‚choiceless awareness'), bei dem jede Erfahrung uneingeschränkt in die Achtsamkeitspraxis eingeschlossen wird (Allmen, 1997).
Die Qualität der Achtsamkeit liegt in ihrer Kontinuität (Goenka, 1999). Dazu dienen u.a. sogenannte ‚retreats', während derer man sich für einen bestimmten Zeitraum den äußeren Ablenkungen des täglichen Lebens entzieht und sich mit Hilfe eines einfachen, strukturierten Tagesablaufs intensiv der Praxis widmet.
Die Achtsamkeit im Alltag gehört der Kategorie informelle Praxis an. Hier geht es um die präzise Wahrnehmung in allen Lebenslagen. Objekt der Meditation ist dabei die Handlung, die man gerade ausführt, welche bewusst und ohne zu „entfliehen" wahrgenommen wird (Gruber, 1999).

2.2.2.1. Die Hauptansätze der Vipassana-Meditation

Die im Rahmen dieser Diplomarbeit relevanten Hauptansätze des Vipassana sind die technischen Methoden des ‚Benennens' und des ‚Körperdurchkehrens', die im folgenden näher erläutert werden.

- **Das Benennen**

Das Benennen (engl. ‚labeling') körperlicher und geistiger Prozesse soll mühelos und intuitiv gleich einem kurzen Blitzlicht oder Schnappschuss, welcher die gegenwärtige Erfahrung beleuchtet, erfolgen. Nur ein geringfügiger Teil der Aufmerksamkeit geht dabei in das Etikettieren der Prozesse; der Grossteil bleibt bei der unmittelbaren Erfahrung (Gruber, 1999). Das Benennen innerer und äußerer Reize (z.B. „angenehm", „unangenehm", „denken", „planen" usw.) fördert die Präsenz und verhindert das unbewusste „Eintauchen" in Emotionen und Kognitionen. Im fortgeschrittenem Stadium der Meditation sollen auch diese Hilfsmittel wieder losgelassen werden.
In den USA ist das ‚Labeling', welches auf den burmesischen Mönch Mahasi Sayadaw zurückzuführen ist, der einflussreichste Ansatz (Gruber, 1999). Viele Lehrende dieses Ansatzes integrieren Psychologie und Psychotherapie in ihren Unterricht und ihre Schriften (z. B. Kornfield, 1995).
Das Benennen findet sich auch in dem Therapieansatz von Linehan (1996) wieder (s. Kap. 2.3.2.2.).
Die im empirischen Teil dargestellten Vipassana-Kurse basieren im wesentlichen auf dieser Methode.

- **Das Körperdurchkehren**

Bei der Technik des Körperdurchkehrens (engl. ‚body sweeping') wandert die Achtsamkeit systematisch durch den ganzen Körper. Dabei werden die körperlichen Manifestationen unserer Gefühlsreaktionen *(vedana)* betrachtet. Durch die methodische Entwicklung einer bewussten, gleichmütigen Wahrnehmung dieser Körperzustände und der Bedingungen ihres Entstehens und Vergehens soll das Übergehen der Empfindungen in automatische, zwanghafte Reaktionen verhindert werden (Gruber, 1999).

Die Technik des Körperdurchkehrens ist ein weiterer burmesischer Ansatz des Vipassana, der auf oben genannten U Ba Khin und dessen Schüler S.N. Goenka zurückzuführen ist.

In Indien wird das Körperdurchkehren nach einer Empfehlung des Innenministeriums mittlerweile in den meisten Gefängnissen gelehrt (Gruber, 1999).

Mehrere Studien belegen die positive Wirkung diese Ansatzes auf Verhalten und Einstellung der Inhaftierten und zeigen Effekte wie z.B. Reduzierung des Verlangens nach Rache, Steigerung der Selbstdisziplin und eine harmonischere Beziehung zwischen Wächter und Inhaftiertem (Chandiramani, Verma, Dhar & Aggarwal,1994).

2.2.3. Einordnung in den Gesamtkontext der Lehre des Buddha

An dieser Stelle werden einige Grundlagen der buddhistischen Lehre, soweit es der weiteren Analyse von Achtsamkeit dient, näher ausgeführt.

Insofern Parallelen zu westlicher psychologischer und psychotherapeutischer Forschung bestehen, werden diese ebenfalls aufgezeigt.

2.2.3.1. Die ‚Vier Edlen Wahrheiten'

Die Rede von den ‚Vier Edlen Wahrheiten' ist die erste und essentielle Lehrrede des Buddha, die er kurz nach seinem „Erwachen" vor seinen Schülern hielt. Es handelt sich um die Wahrheit vom Leiden *(dukkha)*, von den Ursachen des Leidens *(samudaya)*, seinem Ende *(nirodha)* und dem dorthin führenden Weg, dem ‚Edlen Achtfachen Pfad' *(ariya atthangika magga)*.

2.2.3.2. Der ‚Edle Achtfache Pfad'

Der ‚Edle Achtfache Pfad' besteht aus acht Richtlinien, die einen umfassenden „Leitfaden" zur Befreiung und Persönlichkeitsentwicklung bilden. Er gliedert sich in drei voneinander abhängige „Trainingsbereiche": Weisheit *(panna)*, ethische Integrität *(sila)* und Meditation *(samadhi)* (Allmen, 1997).

‚Rechte Achtsamkeit' *(samma-sati)* ist neben rechter Sammlung und rechtem Bemühen wesentlicher Bestandteil von Meditation und gleichzeitig grundlegend für die Entwicklung in den anderen Bereichen (Thich Nhat Hanh, 1999).

2.2.3.3. Die ‚Drei Daseinsmerkmale'

Bei der Vipassana-Meditation gilt es befreiende Erkenntnis der ‚Drei Daseinsmerkmale' – Vergänglichkeit *(anicca)*, Nicht-Hinreichen *(dukkha)* und Nicht-Selbstheit *(anatta)* aller Dinge – zu erlangen. Die Logik des Buddha ist diesbezüglich: „Was flusshaft-vergänglich und damit nicht-hinreichend ist, kann nicht das „Ich", das „Mein" oder ein getrenntes „Selbst" sein." (Gruber, 1999, S.93).

Das Nicht-Erkennen oder Leugnen dieser ‚Drei Daseinsmerkmale' ist die Ursache allen Leidens (s. auch Kap. 2.2.3.4.).

Bei Perls (1978), der sich sowohl theoretisch als auch praktisch mit dem Zen-Buddhismus auseinandersetzte, finden sich einzelne Komponenten der ‚Drei Daseinsmerkmale' in den gestalttherapeutischen Konzepten der ‚fließenden Gegenwart' und des ‚Aktualitätssinns' wieder.

Hayward (1996) weist daraufhin, dass eben diese drei Merkmale menschlicher Existenz auch die wesentliche Begründung für therapeutische Veränderung liefern. Denn gerade das Nicht-Vorhandensein einer gleichbleibenden ‚Person' hinter den ständig wechselnden Augenblick-zu-Augenblick-Erfahrungen birgt die Chance, alte Gewohnheitsmuster zu durchbrechen.

Die sytemische Sichtweise von psychischen Störungsbildern als Wechselwirkungsprozess, der von allen im System beteiligten Personen ständig neu geformt und beeinflusst wird, spricht ebenfalls gegen die Vorstellung eines konstanten und getrennten ‚Ichs' (Essen, 1993).

2.2.3.4. Die ‚Drei Inneren Zwänge'

Die Wurzelursachen des Leidens sind die ‚Drei Inneren Zwänge' *(kleshas)*: die unbewusste oder bewusste Leugnung der ‚Drei Daseinsmerkmale' und das daraus entstehende Anhaften an Vergänglichem sowie Aversion gegen Dinge, die außerhalb unserer direkten Kontrolle liegen (Allmen, 1997).

Unser einziges wahres Leiden besteht demnach in dem Widerspruch zwischen der Vorstellung eines „getrennten, verlässlich-konstanten, konkret-stabilen und dinghaften ‚Selbst'" und dem „Dasein, das auf allen sechs Sinnesebenen (von Auge, Ohr, Nase, Zunge, Körper, Geist[1]) aus ständig vergehenden, von Moment zu Moment sich wandelnden oder substanzlosen Eindrücken besteht" (Gruber, 1999, S. 21).

Achtsamkeit und Vipassana-Meditation haben hier die Funktion, diese Wirklichkeit immer wieder direkt zu erfahren, um sich nach und nach von leidbringenden, falschen Annahmen und Vorstellungen zu lösen.

Das Leiden ist ebenfalls mit dem psychologischen Begriff der Frustration gleichzusetzen. Denn um selbst an Stabilität und Identität zu gewinnen, strebt der Mensch danach, dem Augenblick Dauer zu verleihen. Dieser Kreislauf aus egozentrischer

---

1 In der buddhistischen Psychologie stellt der Geist ebenfalls einen Sinn dar.

Selbstbehauptung und Verlangen nach Befriedigung und Dasein zur Aufrechterhaltung dieser Illusion führt zwangsläufig zu immer wieder neuer Frustration (Brück, 1998).
Der buddhistische Begriff des Verlangens *(tanha)* schließt sowohl das Verlangen, etwas zu bekommen als auch das Verlangen, etwas nicht zu haben, mit ein. Die Ignoranz besteht darin, dass die Befriedigung des Verlangens nicht sein Ende mit sich bringt.
Durch Achtsamkeit soll diese endlose Natur des Verlangens und das damit einher gehende Leiden erkannt und durchbrochen werden (Kornfield, 1995).

2.2.4. Ziele der Vipassana-Meditation

Alle Meditationssysteme streben entweder nach dem Einen oder dem Nichts – nach Vereinigung mit Gott oder nach der Leere. Der Pfad zum Einen führt über Konzentration auf Ihn, der Pfad zum Nichts über Einsicht in die Nichtigkeit des eigenen Denkens (Goleman, 1997, S. 19).

Vipassana - die auf Erfahrung begründete Einsicht in die Natur aller Daseinserscheinungen – ist also das Ziel, welches über den Weg der systematischen oder bewussten Entwicklung von Achtsamkeit erreicht werden soll (Gruber, 1997).
Es handelt sich dabei nicht um einem veränderten Bewusstseinszustand per se, sondern um die Einsicht in die Natur der psychischen Funktionen (Engler, 1988).
Dieses spirituelle Langzeitziel der Achtsamkeitsmeditation geht einher mit der endgültigen Aufhebung des Leidens *(nibbana)* durch die vollständige Überwindung von Verlangen, Aversion und Ignoranz (Nyanaponika, 1993).
Allmen (1998) betont außerdem die Wichtigkeit einer echten altruistischen Haltung und Motivation bei der Verfolgung der Ziele von Vipassana-Meditation.
Shapiro (1992) beschreibt die Ziele Langzeitmeditierender von Achtsamkeitsmeditation auf einem Selbstregulations-Selbstexplorations- und Selbstbefreiungskontinuum. Die Wahl der Art des Ziels hängt dabei vor allem von der bisherigen Meditationsdauer ab und kann sich über die Zeit verändern.
Die mit dem Achtsamkeit verfolgten psychologischen und psychotherapeutischen Ziele können als (psychische) Gesundheit, Lebensqualität und Lebenszufriedenheit beschrieben werden.

2.3. Achtsamkeit – eine theoretische Analyse des Konstrukts

In diesem Kapitel soll das Verständnis von Achtsamkeit durch die buddhistische Perspektive bereichert werden. Weiterhin erscheint es für die inhaltliche Validierung des Konstrukts erforderlich, eine Beziehung zwischen Achtsamkeit und aktuellen psychologischen und psychotherapeutischen Konstrukten herzustellen.

2.3.1. Achtsamkeit vor dem Hintergrund der Lehre des Buddha

Nachdem nun die Grundzüge der Vipassana-Meditation beschrieben wurden, stellt dieses Kapitel eine Einordnung der Achtsamkeit in den buddhistischen Kontext dar. Ihre Bedeutung wird insbesondere anhand der ‚Rede von den Vergegenwärtigungen der Achtsamkeit' erläutert (Kap. 2.3.1.2.). Außerdem wird Achtsamkeit und ihre Verbindung zu weiteren in der Lehre des Buddha benannten Qualitäten und Merkmalen dargestellt. Soweit relevante Parallelen zur Psychologie und Psychotherapie bestehen, werden diese ebenfalls aufgezeigt.

2.3.1.1. Formen von Achtsamkeit

In der buddhistischen Lehre werden vor allem zwei Formen von Achtsamkeit unterschieden: die ‚Bloße Achtsamkeit' *(sati)* und die ‚Rechte Achtsamkeit' *(samma-sati)*.

Die ‚Bloße Achtsamkeit' beschränkt sich auf die bloße Wahrnehmung der Erfahrungen des Bewusstseins, ihres Entstehens und Vergehens ohne weitere Ausarbeitung. Die Reize werden ohne Reaktionen wie Urteile, Zensur, Auswahl oder Interpretation wahrgenommen (Engler, 1988).

‚Rechte Achtsamkeit' ist die konsequent praktizierte ‚Bloße Achtsamkeit' gegenüber dem Körper, den Empfindungen, den Geisteszuständen und den ‚Natürlichen Wahrheiten' (Gruber, 1999) (s. Kap. 2.3.1.2.).

Die Verwendung des Begriffs Achtsamkeit in der vorliegenden Arbeit beinhaltet diese beiden Formen von Achtsamkeit. Sie bilden außerdem die theoretisch-konzeptionelle Basis des im empirischen Teil dieser Arbeit entwickelten Fragebogens zur Achtsamkeit.

2.3.1.2. Funktionen von Achtsamkeit

Die Rolle der Achtsamkeit als ein Herzstück der buddhistischen Lehre verdeutlicht sich durch ihr wiederholtes Auftreten in den Schriften, in denen sie gleichermaßen Einsatz-, Angel- und End- bzw. Höhepunkt der Praxis darstellt (Nyanaponika, 1993):

- ‚Rechte Achtsamkeit' bildet das siebte Glied des zur Leidensaufhebung führenden ‚Edlen Achtfachen Pfades' (Nyanaponika, 1993).
- Achtsamkeit ist außerdem der erste der ‚Sieben Erleuchtungsfaktoren' *(bojjhanga)* und stellt demnach Wachstumsbedingung als auch wesentlicher Bestandteil der Erleuchtung *(bodhi)* dar (Scholz, 1992). Sie steht an erster Stelle, da ihre Entwicklung grundlegend für die volle Entfaltung der anderen sechs Qualitäten ist, insbesondere für den zweiten Faktor Erkenntnis (Nyanaponika, 1993). Mit wachsender Achtsamkeit steigen demnach auch die anderen Erleuchtungsqualiäten wie Energie, Freude, Gelassenheit, Sammlung und Gleichmut. Achtsamkeit vermag außerdem zwischen den drei aufweckenden Faktoren der Erleuchtung - Energie, Erkenntnis und Freude - und den stabilisierenden Eigen-

schaften - Gelassenheit, Sammlung und Gleichmut - eine Balance herzustellen (Goldstein & Kornfield, 1996). Walsh (1987) weist auf die von westlichen Therapeuten häufige einseitige Betonung der aktiven Faktoren wie Energie und Erkenntnis bei der Selbstexploration hin. Laut diesem Modell treten optimale Wirkungen dann ein, wenn alle Faktoren in ausgewogener, einander ergänzender Weise gefördert werden.

- Neben Vertrauen, Energie, Sammlung und Weisheit ist Achtsamkeit die fünfte ‚Geistige Fähigkeit' *(indriya)* (Scholz, 1992). Ähnlich wie bei den ‚Erleuchtungsfaktoren' erfüllt sie auch hier eine beschützende und ausgleichende Funktion (Conze, 1993).
- In der klassischen buddhistischen Psychologie *(abidhamma)* stehen vierzehn heilsame oder gesunde Eigenschaften des Geistes vierzehn unheilsamen Geistesfaktoren gegenüber, die jeweils antagonistisch wirken. Die geistige Gesundheit hängt demnach von dem momentanen Zusammenspiel dieser Faktoren ab. Zwei heilsame Hauptfaktoren sind Weisheit *(panna)* und Achtsamkeit. Die Präsenz dieser beiden Eigenschaften fördert das Auftreten der weiteren heilsamen Faktoren (Goleman, 1975).

2.3.1.3. Die ‚Rede von den Vergegenwärtigungen der Achtsamkeit'

Die ‚Rede von den Vergegenwärtigungen der Achtsamkeit' *(satipatthana sutta)* weist auf die herausragende Stellung der Achtsamkeit im buddhistischen Lehrgebäude hin. Sie wurde vom Buddha als „der einzige Weg" bezeichnet.

Die gesamte Lehrrede beinhaltet ein komplexes Persönlichkeitsmodell des menschlichen Erlebens und zeigt „wie eng der Buddhismus mit einer praktischen Psychologie der Lebensführung einhergehen kann" (Quekelberghe, 1991, S.155).

Achtsamkeit wird hier anhand von vier Beobachtungsbereichen gelehrt: der Körper *(kaya)*, die Empfindungen *(vedana)*, die Geisteszustände *(citta)* und die ‚Natürlichen Wahrheiten' *(dhamma)*. Jeder dieser Bereiche umfasst verschiedene vertiefende Betrachtungen, deren Praxis systematisch und eigenständig zum Ziel, der Erlöschung des Leidens durch die Erkenntnis der Nicht-Selbstheit, der Vergänglichkeit und des Nicht-Hinreichens aller Dinge, führen kann.

In der „Rede von den Vergegenwärtigungen der Achtsamkeit" werden außerdem bestimmte „Kriterien" für die Achtsamkeit benannt. Sie zeigen ihre ganzheitlichen und umfassenden Qualitäten.

Die Achtsamkeit soll sich nach innen, nach außen und nach innen und außen richten. Dadurch wird die Gefahr einer „ausschließlichen Introversion oder Extraversion des Geistes" vermieden (Nyanaponika, 1993, S. 54). Weiterhin soll das Entstehen, das Vergehen und das Entstehen und Vergehen aller Erfahrungen beobachtet werden. Die direkte Konfrontation mit der Vergänglichkeit ist entscheidend für den Fortschritt der Übung.

Aufgrund ihrer zentralen Bedeutung für die Analyse von Achtsamkeit und als Anleitung zur Vipassana-Praxis werden die ,Vier Vergegenwärtigungen der Achtsamkeit' hier etwas ausführlicher behandelt.

- **Die ,Erste Vergegenwärtigung der Achtsamkeit': der Körper**

Für die Achtsamkeitspraxis werden insbesondere die diesem Bereich zuzuordnenden Methoden des bewussten Ein- und Ausatmens *(anapanna sati)* und der Aufmerksamkeit auf Körperhaltungen und Körpertätigkeiten gelehrt. Der Atem als auch der Körper dienen gleichermaßen als Anker der Bewusstheit. Sie bilden die Basis für die weiterführende Achtsamkeit auf die Empfindungen und die Geisteszustände, welche weitaus schwieriger zu beobachten sind, ohne sich in ihnen zu verlieren.

Die Atmungs-Achtsamkeit *(anapanna sati)* hat einen besonders hohen Stellenwert und wird bevorzugt zur Einführung aber auch durchgehend in Vipassana-Meditationskursen gelehrt. Allein durch die konsequente Atembetrachtung kann das höchste Ziel erlangt werden. Die Aufmerksamkeit auf die Körperhaltungen und die Körpertätigkeiten sind für die Kontinuität der Achtsamkeit und für die Alltagspraxis von Relevanz. In der Rede werden noch weitere Betrachtungen und Kontemplationen des Körpers dargestellt, die der systematischen Disidentifikation mit allem Körperlichen dienen.

- **Die ,Zweite Vergegenwärtigung der Achtsamkeit': die Empfindungen**

In der buddhistischen Psychologie gibt es kein Wort für Gefühl oder Emotion, wie sie im westlichen Sinne verstanden werden. *Vedana* wird von manchen Autoren als Gefühl übersetzt, bezeichnet aber „lediglich die angenehmen *(sukha)*, unangenehmen *(dukha)* und neutralen *(a-dukhamasukha)* Empfindungen körperlichen oder geistigen Ursprungs" (Nyanaponika, 1993, S.65). Auf diese gefühlsmäßige Bewertung von Sinneseindrücken folgt meist unwillkürlich eine Kette verzerrter Kognitionen und Reaktionen, wie Aversion gegenüber Unangenehmen und Verlangen nach Angenehmen, die unweigerlich zu Leiden und Frustration führen.

Aktuelle Forschungen zur kognitiven Struktur von Emotionen weisen auf die Existenz von sogenannten ,Attraction Emotions' hin. Dabei handelt es sich um sehr komplexe, momentane Reaktionen auf „mögen" oder „nicht mögen" (Ortony, Clove & Collins, 1988).

Das Erkennen und Benennen aversiver Gefühle als „unangenehm" ohne zusätzliche Bewertung wie „schlecht oder „böse" ist Teil des von Linehan (1996) entwickelten Achtsamkeitstrainings für Borderline-Patientinnen.

- **Die ,Dritte Vergenwärtigung der Achtsamkeit': die Geisteszustände**

Mit „Geisteszuständen" *(citta)* ist hier die momentane geistige Verfassung einer Person gemeint (Nyanaponika, 1993). Im *satipattana sutta* werden 16 Geistes-

zustände jeweils in Gegensatzpaaren, beispielsweise lustbehaftet oder lustfrei, gesammelt oder nicht gesammelt, heilsam oder unheilsam benannt.
Die verschiedenen „emotionalen Färbungen“ wie z.B. Liebe, Freude, Wut und Langeweile gehören ebenfalls dieser Kategorie an (Goldstein & Kornfield, 1996). Auch hier geht es um das urteilsfreie, bloße Wahrnehmen des momentanen Geisteszustands.

- **Die ‚Vierte Vegegenwärtigung der Achtsamkeit‘: die ‚Natürlichen Wahrheiten**

Die ‚Vierte Vergegenwärtigung‘ der Achtsamkeit ist ein sehr komplexer Bereich, der auch grundlegende Inhalte der Lehre mit einschließt, da sich die Vergegenwärtigungen auch auf die „befreiende wahre Wirklichkeit“ beziehen (Gruber, 1999, S. 212). Die Achtsamkeit auf die ‚Natürlichen Wahrheiten‘ ist in fünf Kategorien unterteilt: die ‚Fünf Hemmnisse‘, die ‚Fünf Aggregate des Ergreifens‘, die ‚Sechs Sinnesgrundlagen‘, die ‚Sieben Faktoren der Erleuchtung‘ und die ‚Vier Edlen Wahrheiten’.
Diese Bereiche reflektieren das „Erfahrungsmodell“ der buddhistischen Lehre und werden an dieser Stelle kurz erläutert.

(1) Die fünf Hemmnisse:

Die fünf Hemmnisse *(nivarana)* Sinnesbegierde, Aversion, Schläfrigkeit, Unruhe und Zweifel funktionieren wie selbstaufgestellte Fallen des menschlichen Geistes, die „jeden klaren, befreienden Blick“ (Gruber, 1999, S. 212) trüben und eine Weiterentwicklung erschweren.
Durch achtsames Beobachten im Sinne einer wertfreien Zur-Kenntnisnahme ihres Entstehens und Vergehens verlieren sie ihre innere Macht (Gruber, 1999).
Die Funktionsweisen der eigenen Psyche werden erkannt, um nach und nach von festgefahrenen, der inneren Entwicklung im Wege stehenden Konditionierungen loszulassen. Das achtsame Betrachten der oft schon verselbständigten Hemmnisse birgt die Möglichkeit, sich von ihren Inhalten zu lösen und nicht auf ihre „Dramen“ einzusteigen.
Mit dem Hemmnis Zweifel ist hier eine ungesunde „Zweifel- oder Grübelsucht“ gemeint. Der Buddha selbst warnte vor blindem Glauben und riet zu konsequenter eigener Prüfung von Methoden und Systemen vor deren Übernahme.

(2) Die ‚Fünf Aggregate des Ergreifens‘:

Die ‚Fünf Aggregate des Ergreifens‘ *(khanda)* sind „Sichtbare Materie, angenehme, unangenehme und neutrale Gefühlsreaktionen, Begrifflich Bestimmtes Bewusstsein, geistige und willentliche Gestaltungskräfte aller Art und rein Rezeptive, Vorbewusste Wahrnehmung“ (Gruber, 1999, S. 213). Die fünf Aggregate bilden ein Modell, welches die gesamte Reichweite menschlicher Existenz und Erfahrung erklärt.

(3) *Die ‚Sechs Sinnesgrundlagen':*

Hier wird zwischen den inneren Seiten (Auge, Nase, Ohr, Zunge, Körper, Geist) und den äußeren Seiten (Sehen, Riechen, Hören, Schmecken, Fühlen, Denken) der ‚Sechs Sinnesgrundlagen' unterschieden.

„Achtsamkeit ist die bewusste Wahrnehmung der Wahrnehmung durch diese sechs Tore zur Welt" (Mannschatz, 1999, S. 1).

Die ‚Sieben Faktoren der Erleuchtung' *(4)* und die ‚Vier Edlen Wahrheiten' *(5)* wurden bereits oben beschrieben.

2.3.1.4. Achtsamkeit und weitere in der Lehre des Buddha dargestellte Qualitäten

In diesem Kapitel wird das Zusammenspiel von Achtsamkeit und anderen grundlegenden in der Lehre des Buddha erwähnten Qualitäten von Herz und Geist beschrieben. Es soll dazu dienen, das buddhistische Verständnis von Achtsamkeit zu vertiefen und zu verfeinern.

- **Achtsamkeit und Weisheit:**

Weisheit und Mitgefühl stellen die beiden Säulen der buddhistischen Lehre dar und stehen in engem Bezug zur Entfaltung von Achtsamkeit.

In Verbindung mit dem in den Pali-Texten häufig anzutreffenden Schlüsselbegriff des *sampajanna* (‚Wissensklarheit') bildet Achtsamkeit das Kompositum *sati-sampajanna.* Diese Geistesqualität umfaßt die Übung des ‚Reinen Beobachtens'.

Die Achtsamkeit als ‚Reines Beobachten' liefert das bloße Erfahrungsmaterial, auf dem die Wissensklarheit ihre Entscheidungen basiert. Andererseits überprüft die Weisheit oder Wissensklarheit, ob die Achtsamkeit ein unverfälschtes Bild der Wirklichkeit liefert und korrigiert gegebenenfalls das Material. Weisheit und Achtsamkeit verfeinern und reinigen die Analyse der Wirklichkeit (Nyanaponika, 1993).

Linehan (1996) greift die Wissensklarheit unter dem Namen „wirkungsvoll Handeln" als eine Fertigkeit ihres Achtsamkeitstrainings auf.

- **Achtsamkeit und Sammlung:**

Die beiden Hauptrichtungen der geistig-meditativen Entwicklung sind die Entfaltung von ‚Geistesruhe' *(samatha)* und Einsicht *(vipassana).* Bei der Geistesruhe wird danach gestrebt die Sammlung *(samadhi)* bis zum höchsten Grad der Konzentration, den Vertiefungszuständen *(jhanas)* zu vervollkommnen.

Die Sammlung entsteht dabei durch die Kontinuität der Achtsamkeit. Sie verleiht der Praxis Kraft und Intensität (Goldstein & Kornfield, 1996). Gleich einem „Fahrstuhl in die Tiefe" (Mannschatz, 1992, S.13) können sich mittels Sammlung auch unbewusste Widerstände lösen.

Tiefe Versenkungszustände alleine reichen jedoch nicht aus, um das letztendliche Ziel zu erreichen, sondern müssen gepaart mit Einsicht und Mitgefühl erfolgen.

- **Achtsamkeit und die vier ‚Grenzenlosen Geisteszustände':**

Die vier ‚Grenzenlosen Geisteszustände' *(brahmaviharas)* sind die Kardinaltugenden der Lehre des Buddha: ‚Liebevolle Güte' *(metta)*, Mitgefühl *(karuna)*, Mitfreude *(mudita)* und Gleichmut *(upekha)*.

Eine innere Haltung von ‚Liebevoller Güte' (engl. ‚loving kindness') geht unweigerlich mit der Achtsamkeitspraxis einher. Sie bringt die innere Sanftheit und Flexibilität, mit der die Achtsamkeit sich jeder Erfahrung bedingungslos öffnen kann.

Meditationen der ‚Liebevollen Güte' sind meist fester Bestandteil von Vipassana-Klausuren (vgl. Hart, 1996; Kornfield, 1995). Diese Konzentrationspraktik basiert auf der kontinuierlichen und systematischen Wiederholung bestimmter gedanklicher Aussagen (z. B. Möge ich bzw. mögest du glücklich sein, gesund sein, unbeschwert leben). Dabei richtet der Meditierende diese Sätze zuerst an sich selbst und dehnt sie dann systematisch auf „leichte", „neutrale" und „schwierige" Personen aus bis schließlich alle Lebewesen in die „Wünsche" mit eingeschlossen werden.

Die Meditationen der ‚Grenzenlosen Geisteszustände' dienen der bedingungslosen, von äußeren und inneren Zuständen unabhängigen Entwicklung dieser Qualitäten.

Welwood (1983) betrachtet die innere Haltung ‚Liebevoller Güte' als die bedeutendste Schnittstelle zwischen Psychotherapie und Meditation.

Sweet und Johnson (1990) weisen daraufhin, dass ein auf der Praxis der Brahmaviharas basierendes ‚Meditation Enhanced Empathy Training' (MEET), die Fähigkeit des Klienten stärken kann, mit anderen in freundliche, akzeptierende, mitfühlende und nicht-kontrollierende Beziehungen zu treten bei gleichzeitiger Entwicklung einer gut integrierten Persönlichkeit mit stabilem Selbstwert.

2.3.2. Achtsamkeit, Achtsamkeitsmeditation und westliche Psychologie und Psychotherapie – Forschungsstand und aktuelle Perspektiven

Aufgrund der Verschiedenartigkeit der meditativen Methoden und Traditionen ist eine genaue Beschreibung der Meditationstechnik für die Replikation und den Vergleich von Studienergebnissen notwendig (Shapiro, 1982).

In diesem Sinne und auch aufgrund des speziellen Interesses für Achtsamkeit wird Meditation hier nicht allgemein, sondern alleinig mit Bezug auf die Vipassana-Praxis abgehandelt.

Dieses Kapitel setzt Achtsamkeit in Bezug zu westlichen psychologischen und psychotherapeutischen Fachbegriffen. Außerdem werden aktuelle Entwicklungen von Achtsamkeitsmeditation als klinische Intervention dargestellt.

2.3.2.1. Achtsamkeit und ihre Beziehung zu weiteren psychologischen und psychotherapeutischen Konstrukten

Anhand bisheriger Forschungsergebnisse und begründeter theoretischer Annahmen werden in diesem Kapitel Zusammenhänge und Vergleiche zwischen Achtsamkeit und anderen psychologischen Fachbegriffen und psychotherapeutischen Konzepten hergestellt. Es wird hier kein Anspruch auf Vollständigkeit erhoben, sondern dieses Kapitel soll vielmehr eine konzeptionelle Präzisierung des Konstrukts Achtsamkeit ermöglichen und eventuell eine Grundlage zur Formulierung von gerichteten Hypothesen für die weitere Forschung bilden.

- **Metakognition/ Metastimmung:**

In ihrer Eigenschaft des nicht-identifizierten Beobachtens und der Wahrnehmung innerpsychischer Vorgänge steht Achtsamkeit in enger Beziehung zur Metakognition und zur Metastimmung (Goleman, 1996).

Teasdale (1999) unterscheidet weiterhin zwischen metakognitivem Wissen - zu *wissen*, dass Gedanken nicht immer akkurat sind - und metakognitiver Einsicht - Gedanken als Vorgänge im Bewusstsein und nicht als direkte Realität zu *erfahren*. Ein Achtsamkeitstraining lehrt Fähigkeiten, diesen metakognitiven Einsichts- und Erfahrungsmodus (‚metacognitive insight mode') zu betreten.

Diese Differenzierung zwischen Wissen und Erfahrung knüpft auch an dem fundamentalen psychotherapeutischen Thema an, dass rationales, konzeptuelles Verstehen nicht therapeutisch per se wirkt.

- **Selbstbeobachtung/ Selbstkontrolle:**

Meditation ist die Essenz der Introspektion, obwohl sie dem nicht gleichzusetzen ist (Goleman, 1971). Achtsamkeit trainiert die „Fähigkeit zu beobachten per se", indem durch kontinuierliche Praxis allgemein dienliche „Beobachtungsmuskeln" aufgebaut werden (Tart & Deikman, 1991).

Scholz (1992) weist auf die Selbstrealisierung gedanklicher Abläufe und kognitiver Prozesse während der Achtsamkeitsmeditation hin.

Die auf die Gefühle gerichtete Achtsamkeit ermöglicht ihre kognitive Steuerung. Unkontrollierte Gedanken wirken wie markante Filter, welche die Wahrnehmung der Realität verzerren. Achtsamkeit als Bewusstheit verhilft dazu, mehr Steuerungsmöglichkeiten über sich zu bekommen. Sie stellt außerdem eine Balance zwischen Gefühl und Verstand her (Bohus & Wagner, 2000).

Studer (1999) berichtet über potentielle Effekte von 10-tägigen Vipassana-Kursen und der auf den Atem gerichteten Achtsamkeit *(anapanna sati)* im Zusammenhang mit methodischer Selbstbeobachtung und Selbstkontrolle.

- **Emotionsregulation/ Emotionale Kompetenz:**

Die achtsame Wahrnehmung innerpsychischer Vorgänge ohne Bewertungs- und Interpretationsprozesse bildet die Basis der Emotionsregulation.

Achtsamkeit fördert die geistige Fähigkeit, aus „aktivierten, emotional belastenden Schemata auszusteigen und sich auf einer neutralen, beobachtenden Ebene zu reorganisieren (Bohus & Wagner, 2000, S. 420). Das Entstehen von ‚überflutenden Emotionen' „durch dysfunktionale Wechselwirkungen zwischen katastrophisierenden Bewertungsprozessen und Emotionen" kann so verhindert werden (Bohus & Wagner, 2000, S. 421).

Laut Linehan liegt ein therapeutischer Wirkfaktor von Achtsamkeit darin, dass „eine Exposition schmerzhafter Gefühle – ohne Verbindung zu negativen Konsequenzen – ihre Fähigkeit löschen kann, sekundäre negative Gefühle zu entwickeln" (Linehan, 1996, S. 165).

Achtsamkeit bildet die grundlegende emotionale Kompetenz, auf der die Selbstkontrolle aufbaut (Goleman, 1996).

- **Sense of coherence (‚Kohärenzgefühl'):**

Das Kohärenzgefühl beinhaltet drei zentrale Komponenten: Verstehbarkeit, Handhabbarkeit und Bedeutsamkeit. Eine Person mit einem starken Kohärenzgefühl ist sich demnach eher ihrer Emotionen bewusst, kann sie leichter benennen und fühlt sich weniger durch sie bedroht (Antonovsky, 1997).

Nach dem Salutogenesemodell von Antonovsky sind Stressoren elementare Bestandteile menschlichen Lebens und ihre gesundheitlichen Konsequenzen können nur über den Bewältigungsprozess verstanden werden. Indem Achtsamkeit die Beziehung zur Erfahrung verändert, setzt sie an diesem Modell an.

Kabbat-Zinn & Salzberg (1998) berichten über einen signifikanten Anstieg des Kohärenzgefühls ihrer Patienten nach Teilnahme an einem 8-wöchigen auf Achtsamkeit basierendem Stressreduktionsprogramm.

- **Distanzierung/ Disidentifikation:**

Beck (1976) betont die Wichtigkeit des ‚Distanzierens' und ‚Dezentrierens' von Gedanken in der kognitiven Therapie. In der ‚Acceptance and Commitment Therapy' werden die Patienten angeleitet, Gedanken als zu testende Hypothesen zu betrachten (Kohlenberg, Hayes & Tsai, 1993). Wells und Matthews (1996) empfehlen ein Training in ‚detached mindfulness' als eine Komponente der kognitiven Behandlung emotionaler Störungen.

Die Achtsamkeit betrachtet die Erfahrungen als Phänomene, ohne sich in ihnen zu verlieren (Scholz, 1992). Sie verstärkt das Wahrgenommene nicht noch zusätzlich und grenzt dadurch stimmungsabhängiges Verhalten ein (Goleman, 1996; Mannschatz, 1999).

- **Stressbewältigung/ Coping:**

Durch die mit der Achtsamkeit einher gehende neutrale Haltung wird die Fähigkeit zur Selbstreflexion auch in Zeiten von Stress aufrechterhalten (Goleman, 1996).

Insbesondere die ‚Atembetrachtung' scheint als Coping-Technik in akuten Stress-Situationen wirkungsvoll (Studer, 1999).

Laut Kabat-Zinn & Salzberg (1998) steigt die Stressresistenz nach einer Achtsamkeitsintervention. Das von Kabat-Zinn entwickelte auf Achtsamkeit basierende Stressreduktionsprogramm wird mittlerweile in zahlreichen Kliniken in den USA erfolgreich angewandt.

- **Awareness:**

‚Awareness' (Bewusstheit) ist ein Schlüsselbegriff in der Gestalttherapie.
Sowohl bei der Achtsamkeit als auch bei der ‚awareness' geht es um die Bereitschaft, mit voller Wahrnehmung einem Phänomen zu begegnen, ohne Zensur oder Bewertung der Erfahrungen (Mannschatz, 1992; Picker, 1994).
Ein wesentlicher Unterschied besteht jedoch in dem Umgang mit dem Wahrgenommenen. Während in der Gestalttherapie die Figur im Vordergrund steht und nach Schließung drängt, nimmt die Achtsamkeit keinen bewussten Einfluss auf diesen Prozess. Durch Achtsamkeit soll die meist schnelle und unwillkürliche Verknüpfung von Emotionen, Gedanken und Handlungen gelöst werden. Die Identifikation und das Anhaften an der Figur wird somit gelockert und die Offenheit für den Grund vergrößert (Machemer, 1991).
Im modernen gestalttherapeutischen Kontext wird Bewusstheit in zwei Modi unterteilt: Achtsamkeit und Gewahrsein. In diesem Zusammenhang richtet sich die Achtsamkeit auf die Einzelheiten der Wahrnehmung, grenzt aus und unterstützt die Figurbildung, während das Gewahrsein Figur und Hintergrund gleichermaßen erfasst (Gremmler-Fuhr, 1999). Gewahrsein ist „das Involviertsein in das Geschehen mit Empfindungen, Gefühlen, Gedanken und Vorstellungen, ohne von dem, was momentan zur Figur wird, gefesselt zu sein" (Gremmler-Fuhr, 1999, S. 382). In diesem Zusammenhang entspricht hier wohl eher der Begriff des Gewahrseins dem, was in der vorliegenden Arbeit als Achtsamkeit bezeichnet wird.

- **Gleichschwebende Aufmerksamkeit:**

Es besteht auch eine Affinität zwischen Achtsamkeit und des von Freud geprägten psychoanalytischen Begriffes der ‚gleich- oder neutral schwebenden Aufmerksamkeit' (vgl. Fromm, Suzuki & Martino, 1974; Engler, 1988; Epstein, 1996; Goleman, 1996). Gemeinsamkeiten sind vor allem Neutralität, Zensurfreiheit, Abstinenz und das beobachtende Ich (Engler, 1988).
Hinsichtlich des Wirkpotentials von Vipassana-Meditation weist Studer auf „Effekte tiefenpsychodynamischer Natur" hin wie z.B. „tiefe Erfahrungen von Wohlbefinden, ... von Furcht, Ängsten, Erinnerungen an traumatisierende Ereignisse" (Studer, 1999, S. 9).
Dies deutet daraufhin, dass die Technik der ‚gleichschwebenden Aufmerksamkeit' und die Achtsamkeitsmeditation auch hinsichtlich ihrer Wirkung - nämlich das Auftauchen zuvor verdrängten Gedankenmaterials und Gefühlen - verwandt sind. In diesem Zusammenhang sei jedoch auch auf potentielle Nebenwirkungen und Kontraindikationen von Achtsamkeitsmeditation verwiesen (Kap. 2.4.3.)

- **Felt sense/ Focusing:**

Der Begriff des ‚felt sense' deckt sich vor allem mit der auf den Körper und die Geisteszustände gerichteten Achtsamkeit. „Es ist die körperliche Empfindung irgendeiner Situation, eines Problems oder eines Aspekts des eigenen Lebens" (Gendlin, 1998, S. 38). Gleichzeitig ist eine Disidentifikation im ;felt sense' enthalten. Ähnlich der Achtsamkeit geht es beim Focusing ebenfalls darum, in eine freundliche, akzeptierende Beziehung zu seinem inneren Erleben, dem ;felt sense', zu treten und sich dabei nicht in Gefühlen zu verlieren.

- **Radikale Akzeptanz/ bedingungsfreies Akzeptieren:**

Radikale Akzeptanz beinhaltet die Akzeptanz und Validierung von Verhalten, so wie es aktuell in Erscheinung tritt. Es wird nicht auf die Veränderung der Person abgezielt, sondern auf ihre Fähigkeit, sich selbst und die Umwelt vollständig zu akzeptieren. Die radikale Akzeptanz ermöglicht, vom Kampf mit der Realität loszulassen. Sie verwandelt das psychische Leiden in „bloßen" Schmerz und stellt damit einen weiteren Schlüssel zur Emotionsregulation dar (Linehan, 1996).

Ähnlich wird beim bedingungsfreien Akzeptieren der Klient mit all seinen Gefühlen, Gedanken und Verhaltensweisen akzeptiert; ohne Einschränkung, Bewertung oder Vorurteile (Rogers, 1983). Laut Rogers bedeutet Akzeptieren jedoch wenig, solange es nicht auch Verstehen beinhaltet (Rogers, 1973). Hier zeigt sich eine weitere Schnittstelle mit der Achtsamkeit. Das auf der direkten Erfahrung basierende Verstehen der menschlichen Innen- und Außenwelt ist die Basis einer grundlegenden Akzeptanz.

Scholz (1992) betrachtet die Akzeptanz auch als eine Folge der Aufmerksamkeitssteuerung während der Vipassana-Meditation. Die Überwältigung durch negative Gedanken und Schuldgefühle verringert sich, indem der Drogensüchtige lernt, seine Aufmerksamkeit diesen Phänomenen bewusst zu entziehen und nicht auf innere Dramen einzusteigen. Gleichzeitig wird die Akzeptanz und Toleranz gegenüber den eigenen innerpsychischen Prozessen gestärkt.

In diesem Zusammenhang kommt auch die ‚paradoxe Theorie der Veränderung' (Beisser, 1970): „annehmen was ist verändert" zum tragen.

2.3.2.2. Achtsamkeit und Achtsamkeitsmeditation als klinische Intervention

Majumdar (1998) zeigt, dass Achtsamkeitsmeditation eine wirkungsvolle Methode zur Gesundheitsförderung und zum Stressabbau darstellt. Die dort evaluierte Praxis der Achtsamkeitsmeditation greift auf die Forschungen von Kabat-Zinn zurück, der in seiner ‚Stress Reduction Clinic' in den USA, die Achtsamkeitsmeditation aus ihrer spirituell-buddhistischen Herkunft löst und sie bei chronischen Schmerzpatienten einsetzt (Kabat-Zinn, 1996, 1998). Empirische Studien belegen die Erfolge dieses Ansatzes, auch bei Angstpatienten (Kabat-Zinn et al., 1992; Miller, Fletcher & Kabat-Zinn, 1995).

Teasdale (1999) entwickelte basierend auf Achtsamkeit und dem Ansatz von Kabat-Zinn ein präventives Gruppenprogramm zur Depressionsbehandlung. Diese ‚Mindfulness-based Cognitive Therapy' (MBCT) fokussiert auf die Veränderung des Modus, innerhalb derer depressions-verwandte Gedanken und Gefühle verarbeitet werden, und nicht wie sonst auf die Veränderung des Inhalts. Die Effizienz dieses neuartigen und kosteneffizienten, präventiven Gruppenprogramms erscheint vielversprechend (Teasdale, 1999).

Bei der ‚Dialektisch-behavioralen Therapie der Borderline-Persönlichkeits-Störung' (DBT) spielen Übungen und Fertigkeiten von Achtsamkeit eine zentrale Rolle. Achtsamkeit ist hier erster Teil der vier Module des ‚Fertigkeitentrainings' sowie Bestandteil der drei weiterführenden Module (‚Zwischenmenschliche Fähigkeiten', ‚Bewusster Umgang mit Gefühlen' und ‚Stresstoleranz') (Linehan, 1996). Linehan (1996) legt dabei die Betonung auf die Ausgeglichenheit von Akzeptanz und Veränderung und die Grundsätze Beobachten, Bewusstwerden und Vermeidung von Bewertung. Die spezifische Wirksamkeit dieses Therapieansatzes wurde durch mehrere kontrollierte klinische Studien belegt (Linehan, Armstrong, Suarez, Allmon & Heard, 1991; Linehan & Heard, 1993).

Scholz (1992, 1997) integriert die Vipassana-Meditation in die stationäre Therapie von Drogenabhängigen; sowohl als fester Bestandteil des Tagesablaufs als auch durch die Teilnahme der Patienten an externen 10-tägigen Vipassana-Kursen. Die vier sich gegenseitig unterstützenden Elemente dieses Therapieansatzes sind systemische Drogensuchttherapie, Einbindung des Suchtverständnisses der Selbsthilfegemeinschaften, Achtsamkeitsschulung bzw. Vipassana-Meditationspraxis und systemische Paar- und Familientherapie (Studer, 1999).

Die Anwendung der Achtsamkeitsschulung in Verbindung mit stationärer Psychotherapie beschreiben ebenfalls Galuska und Galuska (1999).

Miller (1993) macht auf das Potential von Achtsamkeitsmeditation als „Zusatz zur Psychotherapie" aufmerksam, insbesondere unter gesundheitsökonomischen Aspekten.

Autoren berichten weiterhin über Fallbeispiele aus ihrer klinischen Praxis, wo Achtsamkeitsmeditation im psychiatrischen oder psychotherapeutischen Setting und bei einer Reihe von klinischen Störungen Anwendung fand (Boorstein, 1997; Deatherage, 1975, 1988; Epstein, 1996; Khosla, 1994; Scholz, 1992; Wortz, 1982).

Epstein (1996) zeigt Perspektiven einer erfolgreichen Verbindung von Psychoanalyse und Achtsamkeitsmeditation auf.

Das von Gendlin entwickelte Focusing weist deutliche Parallelen zur Achtsamkeitsmeditation auf (Gendlin, 1998; Weiser Cornell, 1997).

Bei der von Ron Kurtz entwickelten Hakomi-Therapie spielen buddhistische und taoistische Prinzipien der Achtsamkeit und Gewaltlosigkeit eine zentrale Rolle (Johanson & Kurtz, 1993).

Die Morita-Psychotherapie, ein im Buddhismus verankertes Behandlungsverfahren für Patienten mit Neurosen, bedient sich des ‚retraining of attention'. Der Klient soll dabei lernen, seine Symptome als Teil der täglichen Realität zu akzeptieren (Reynolds, 1987; Smith, 1981).

Tara Rokpa wurde von einem tibetisch-buddhistischen Meditationslehrer und westlichen Psychotherapeuten entwickelt. Achtsamkeit und Mitgefühl sind zentraler Bestandteil dieses Therapieverfahrens (Niehaus & Küstner, 1997).

2.4. Achtsamkeitsmeditation und Psychotherapie - Gemeinsamkeiten und Unterschiede

Dieses Kapitel weist zunächst auf die synergistischen und komplementären Effekte und Wirkungsweisen dieser beiden „Methoden zur Erforschung des Bewusstseins" hin (Kap. 2.4.1.). Daraufhin werden die wesentlichen Unterschiede herausgestellt (Kap. 2.4.2.). Anschließend finden die Nebenwirkungen und Kontraindikationen von Achtsamkeitsmeditation Berücksichtigung (Kap. 2.4.3.)

2.4.1. Synergistische und komplementäre Effekte

Die Vipassana-Meditation ist für die „Selbstbegegnung im therapeutischen Prozess besonders geeignet", denn sie gibt Raum für die „Produktionen des Bewusstseins bzw. des Unbewussten" (Bühler & Fischer, 1983).

Laut Vieregge (1994) hat die Achtsamkeitsmeditation von allen anderen Meditationsformen die Psychotherapie am meisten beeinflusst. Dies mag an ihrer einfachen Technik liegen, und daran, dass sie kulturneutral ist und einem nontheistischen religiösen System entstammt, so dass sowohl auf der Seite der Therapeuten als auch auf Seiten der Klienten der Gefahr eines Widerstandes ausgewichen werden kann.

So hat die Achtsamkeitsmeditation implizit und explizit Eingang in die Psychotherapien gefunden, insbesondere den humanistischen und tiefenpsychologischen Richtungen (Welwood, 1983).

Synergistische Effekte zwischen Achtsamkeitsmeditation und Psychotherapie bestehen in der aufmerksamen Ergründung unserer Erfahrung, in dem Lernen, Blockaden und Gefühlen Raum zu geben, anstelle sie zu bekämpfen und in dem „Respekt" gegenüber dem eigenen Unbewussten. Außerdem soll die Angst vor dem eigenen Erleben überwunden und die eigene Quelle innerer Kraft und Gesundheit entdeckt werden. Zusammenfassend lehren beide Methoden die Konfrontation mit der eigenen Erfahrung und eine neue Art von Selbstvertrauen, Akzeptanz und Wertschätzung (Welwood, 1983).

Dabei bedienen sich Psychotherapie und Achtsamkeitsmeditation insbesondere des oben genannten ‚paradoxen Gesetzes der Veränderung', welches bewirkt, dass

Annehmen zugleich ein Loslassen ist (Epstein, 1996; Hartmann-Kottek-Schroeder, 1987).

Ähnlich wie in der Therapie kann mit gewachsener Achtsamkeit bzw. Ich-Stärke die Fähigkeit vergrößert werden, mit inneren Konflikten umzugehen. So kann vorher unterdrücktes, graduell schwierigeres Material während der Meditation ins Bewusstsein kommen (Miller, 1993).

Brown & Engler (1988b) fanden heraus, dass erfahrene Meditierende genauso schnell besorgt waren wie andere Probanden, sie sich jedoch weniger defensiv im Erleben solcher Konflikte zeigten. Dies scheint darauf hinzuweisen, dass Meditation die Art von Ich-Stärke verleihen kann, die für eine erfolgreiche Psychotherapie notwendig ist (Epstein, 1996).

Die Meditation erweist sich als kongruent mit den Objektiven der meisten gegenwärtigen Psychotherapien wie Integration, Demut, Stabilität und Selbstbewusstsein (Epstein, 1996). Sie kann im therapeutischen Kontext außerdem zu einer Begrenzung des Einflusses des Therapeuten führen und somit dem Klienten selbständig neue Entwicklungsmöglichkeiten eröffnen (Bühler & Fischer, 1983).

Picker warnt jedoch vor der „krankheitsverstärkenden Wirkung“ von „dogmatischen Lehrgebäuden“, gekennzeichnet u.a. durch einen „Verlust an persönlicher Erfahrung bei gleichzeitigem Festhalten an lehrhaft-theoretischen Positionen“ (1994, S. 20).

Obwohl Achtsamkeitsmeditation ausschließlich auf der persönlichen Erfahrung basiert, mag diese Gefahr dennoch bei extremer Identifikation mit buddhistischen Idealen und gleichzeitiger Leugnung des persönlichen, gegenwärtigen Zustandes bestehen.

Psychotherapie kann dem entgegenwirken, indem sie als Außeninstanz den Klienten konfrontiert und bei der Überwindung von Abwehrmechanismen assistiert (Tart & Deikman, 1991).

Psychotherapie kann andererseits von spirituellen Wegen und Religionen die „respektvolle Annäherung an Menschen und Phänomene“ lernen (Picker, 1994, S. 20). Darüber hinaus wird die Psychotherapie durch die Verbindung von Leib und Geist, Geist und Welt in der meditativen Praxis bereichert, da diese Elemente nicht mehr länger disparat nebeneinander bestehen (Picker, 1994).

Burns und Ohayv (1980) weisen in ihrer Langzeitstudie über Veränderungen in der Persönlichkeit westlicher Mönche in Thailand daraufhin, dass die Selbst-Ehrlichkeit, im Sinne von der Bereitschaft „wirklich hinzugucken“ und auch schmerzhafte Konsequenzen zu tragen, der grundlegende Faktor für eine positive Entwicklung in der Meditation als auch im psychiatrisch-psychotherapeutischen Setting darstellt.

2.4.2. Grundlegende Unterschiede

Meditation ist mit Sicherheit kein „Allheilmittel" (Allmen, 1997). Sie ist vielmehr eine Soteriologie, d.h. ein Mittel zur Erlösung und Befreiung und keine

Therapieform (Brown & Engler, 1988a). Sie ausschließlich für die Psychotherapie zu nutzen, wäre demnach „als sammle man Austernschalen und werfe die Perlen weg“ (Deikman, 1986, S. 73).

Goleman (1971) betrachtet Meditation in diesem Zusammenhang als eine Art ‚Meta-Therapie‘: sie kann die Hauptziele konventioneller Therapie erreichen helfen und hat doch einen Endzustand der weit über Therapie und die meisten Persönlichkeitstheorien hinausgeht.

Ein grundlegender Unterschied besteht also in den Zielen von Meditation und Psychotherapie. Zudem endet Psychotherapie, wenn die Ziele erreicht sind. Meditation hingegen hat ein offenes Ende und heilt die „Trennung vom Leben als Ganzem“, indem sie hilft „an der Festung ‚Ich' zu schleifen" (Vieregge, 1994. S. 197).

Bei der Achtsamkeitsmeditation soll außerdem die grundlegende Natur jenseits von persönlichen Geschichten und Problemen entdeckt werden (Welwood, 1983).

Meditation bleibt also nicht bei der „Erweiterung des Ich-Bewusstseins“ stehen, sondern erforscht die „Natur des Ego selbst“ mit dem Ziel, dieses loszulassen bzw. seine Leere zu erkennen (Vieregge 1994, S. 196-197).

Die Psychotherapie sucht eher Erklärungen während die Meditation hingegen „ein Prozess des Infragestellens der wichtigsten Metaphern, derer wir uns für unser Selbstverständnis bedienen“ darstellt (Epstein, 1996, S. 138).

Viele Meditierende verweigern sich einer Therapie aus dem Irrglauben sie müssten sich selbst therapieren. Die Gefahr besteht dabei in dem manipulativen Einsatz der gewonnenen Fähigkeit, schmerzliche Erfahrungen beobachten zu können, ohne die Verantwortung für sie zu übernehmen (Epstein, 1996).

Zusammenfassend sei betont, dass sowohl Psychotherapie als auch Meditation ihre eigenen Zuständigkeitsbereiche haben. Meditation kann Psychotherapie in keinem Fall vollständig ersetzen, vielleicht aber wirkungsvoll ergänzen bzw. einen weiterführenden Weg eröffnen.

2.4.3. Nebenwirkungen und Kontraindikationen

Die Frage nach Indikation und Kontraindikation von Achtsamkeitsmeditation lässt sich nicht generell beantworten.

Vielen Nebenwirkungen kann durch angemessene Dosis und überschaubares Zeitmaß entgegengewirkt werden (Engler, 1988). Bei intensiven mehrtägigen bis mehrwöchigen Schweigeretreats ist die Gefahr von Nebenwirkungen bei psychisch belasteten Personen entsprechend erhöht.

Der vielverbreiteten Annahme: „man muss zuerst jemand sein, ehe man niemand werden kann“ (Engler, 1988) setzen andere entgegen, dass sowohl ein positives wie ein negatives Selbstbild gleichermaßen eine unheilsame Anhaftung an das Ego bedeutet (Smith, 1981). Epstein (1986) sieht eine Gefahr in der Voraussetzung eines kohesiven Selbsts für die Achtsamkeitsmeditation, denn dadurch wird die Mög-

lichkeit der Transformation narzisstischer Störungen durch Meditation von vornherein ausgeschlossen.
Dennoch ist eine reife Ebene der Ich-Organisation in jedem Fall hilfreich. Denn durch die Lockerung der Selbstkontrolle in der Achtsamkeitsmeditation besteht insbesondere für Ich-Schwache Meditierende die Gefahr von Panik und Desorientierung bis hin zur „desintegrativen Krise“ (Scharfetter, 1987), die auch zu einem Verlust an Realitätsbezug in der Nach-Meditationszeit führen kann (Engler, 1988).
Vieregge (1994) deutet daraufhin, dass insbesondere das Gefühl der Einsamkeit, welches durch die Meditationspraxis entstehen kann, bei psychisch belasteten Personen Panik auslösen kann.
Die Achtsamkeitspraxis kann außerdem zu einer Schwächung psychischer Abwehrmechanismen und somit zu einer deutlicheren Wahrnehmung negativer Befindlichkeiten beitragen (Machemer, 1991).
Eine ausführliche Beschreibung psychiatrischer Komplikationen von Meditation unter Differenzierung maladaptiver und adaptiver Nebenwirkungen liefern Epstein und Lieff (1981).
Miller (1993) weist auf die Existenz einer Risikopopulation hin, bei der die Auftretenswahrscheinlichkeit traumatischer Erinnerungen und Emotionen sowie signifikanter psychologischer Symptome während intensiver Meditationspraxis erhöht ist. Prospektive Teilnehmer von Meditationsretreats und auf Meditation basierenden Stressreduktionskursen sollten über dieses Risiko informiert werden.
Verschiedene Stressreduktionskliniken und Vipassana-Meditationszentren (z. B. University of Massachusettes Medical Center, *n.d.*; Insight Meditation Society, *n.d.*; Spirit Rock Meditation Centre, *n.d.*; Dhamma Gruppe Schweiz, *n.d.*) verfügen über Pre-Screening-Fragebögen zur Identifikation dieser Risikopopulationen.
Das Vorhandensein von Risikofaktoren stellt jedoch nicht unbedingt ein Ausschlusskriterium dar.
Autoren betonen weiterhin die Wichtigkeit einer Begleitung durch einen erfahrenen Lehrer, eine Gruppe ‚gleichgesinnter Praktizierender‘ *(sangha)* oder einen Therapeuten als wirksamsten Schutzmechanismus gegen eventuell auftretende Nebenwirkungen: „nennenswerte Schwierigkeiten bekommen immer nur die Einzelgänger“ (Engel, 1996, S. 250).
Gruber (1999) macht außerdem darauf aufmerksam, dass für das Bemühen um Befreiung ein hohes spirituelles Selbstvertrauen im Sinne eines positiven Selbst- oder Menschenbildes erforderlich ist.
Einschränkend gilt die Betonung einer guten Motivation für die Praxis, da beobachtbare (oder erfahrbare) dauerhafte Veränderungen sich häufig erst nach langer, stetiger (und z.T. mühsamer) Praxis einstellen (Machemer, 1991).

2.5. Zusammenfassende Ergebnisse des Literatur- und Forschungsüberblicks

Zusammenfassend werden im Anschluss die wesentlichen Charakteristika von Achtsamkeit aufgeführt. Es sei betont, dass diese Merkmale eine qualitative Richtung angeben, denn die Achtsamkeit kann sich auf jede Art von Erfahrung beziehen. So ist es z.B. möglich, achtsam wahrzunehmen, dass man gerade urteilt.

- **Aufmerksamkeit:**
  Achtsamkeit zeichnet sich durch eine bestimmte Art von Aufmerksamkeit aus, die in den folgenden Merkmalen näher charakterisiert wird.
- **Urteilslosigkeit:**
  Achtsamkeit urteilt nicht. Sie nimmt wahr, was ist, ohne zu bewerten.
- **Gegenwärtigkeit:**
  Achtsamkeit ist in direktem unmittelbaren Kontakt mit dem Moment, der jetzt gerade stattfindet. Achtsamkeit ist immer nur in der Gegenwart möglich.
- **Akzeptanz:**
  Achtsamkeit ist einfach, ohne zu manipulieren oder etwas ändern zu wollen.
- **Nicht-Identifikation:**
  Achtsamkeit identifiziert sich nicht mit dem Objekt des Gewahrseins. Sie beobachtet die jeweilige Erfahrung, ohne sich von ihr davontragen oder mitreissen zu lassen. Dabei handelt es sich jedoch nicht um eine gleichgültige Distanziertheit, sondern um eine „unmittelbare Teilhabe" an der Erfahrung.
- **Neutralität:**
  Achtsamkeit ist unparteilich und neutral. Sie knüpft ihre Aufmerksamkeit nicht an Bedingungen, sondern ist mit allem Erfahrungen gleichermaßen in Kontakt. Außerdem behandelt sie alle Erfahrungen gleich, indem sie sich auf den Prozess und nicht auf die spezifischen Inhalte richtet.
- **Abnehmende Reaktivität:**
  Durch Achtsamkeit werden die Reaktionen auf Erfahrungen von der Wahrnehmung der Erfahrungen getrennt. Verhaltensmuster können durchbrochen werden, indem sich die Achtsamkeit auf die zugrundeliegenden Gedanken und Gefühle bzw. den Prozess des Entstehens und Vergehens von Erfahrungen als solchen richtet.
- **Ganzheitlichkeit:**
  Achtsamkeit bezieht sich auf das, was im jeweiligem Moment geschieht, seien es Geisteszustände, Gedanken, Gefühle, Sinneswahrnehmungen oder Körperempfindungen. Sie grenzt nichts aus und kann überall und in jeder Körperhaltung und in allen Lebenslagen praktiziert werden.

- **Nicht-Oberflächlichkeit:**

  Achtsamkeit bleibt nicht an der Oberfläche, sondern versucht die Wahrnehmungsobjekte in ihrer von Konzepten und Vorstellungen noch unverfälschten Form zu sehen, einfach als das, was sie sind.

- **Einsichtsvolles Verstehen:**

  Achtsamkeit zielt auf die klare Erkenntnis und das umfassende Verstehen der menschlichen Erfahrungen und Existenz ab.

- **Prozesshaftigkeit:**

  Achtsamkeit beobachtet die Erfahrungsprozesse, ohne ihre spezifischen Inhalte zu interpretieren oder zu vergleichen.

- **„Anfängergeist" (Suzuki, 1975):**

  Achtsamkeit interessiert sich für die Erfahrung des Momentes und betrachtet sie jedes Mal neu und frisch wie mit den Augen eines Kindes. Sie versucht nicht das Wahrgenommene in bereits bestehende Kategorien zu pressen, sondern bleibt offen und unvoreingenommen.

- **Absichtslosigkeit:**

  Achtsamkeit ist absichtslos. Sie bleibt nicht in Kontakt mit einem unangenehmen Gefühl in der Hoffnung, dass es dadurch vorübergeht, sondern allein deshalb, weil es ist.

Die oben genannten Merkmale sind von entscheidender Bedeutung für die Operationalisierung von Achtsamkeit durch die im empirischen Teil dieser Arbeit dargestellte Entwicklung des Freiburger Fragebogens zur Achtsamkeit (FFA).

Abbildung 1 auf der folgenden Seite zeigt ein Achtsamkeitsmodell, das die östliche und westliche Perspektive integriert. Es verdeutlicht bildhaft und zusammenfassend die oben beschriebenen Zusammenhänge zwischen Achtsamkeit, der Lehre des Buddha und westlicher Psychologie und Psychotherapie. Achtsamkeit und verwandte Konstrukte, die wesentlichen Charakteristika und Grundlagen bzw. Vergegenwärtigungen der Achtsamkeit und die jeweiligen Ziele von Achtsamkeits(-meditation) werden hier dargestellt.

Experten weisen teilweise auf eine Überbetonung von Achtsamkeit im Westen hin (Ulrich Küstner, schriftliche Mitteilung vom 6.5.1999). Obwohl der Buddha die Vergegenwärtigungen der Achtsamkeit als den einzigen Weg bezeichnete, braucht es dennoch für eine wirkliche innere Entwicklung eine ganze Reihe posi-tiver Geistesfaktoren. Auch die Trias Weisheit, Meditation und ethische Integrität des ‚Edlen Achtfachen Pfads', von dem Achtsamkeit nur ein Achtel darstellt, bestätigt dies. Dennoch bedingen sich die Elemente des Pfades gegenseitig und stehen in Wechselwirkungen zueinander. Insofern ist Rechte Achtsamkeit mit Weisheit, Mitgefühl und altruistischer Motivation verknüpft. Einen großen Unterschied zwi-

Abbildung 1: Achtsamkeit - östliche und westliche Perspektiven

schen Achtsamkeit in der Lehre des Buddha und in der Psychotherapie wird anhand der Rolle der Weisheit und des Mitgefühls verdeutlicht. Die Weisheit ist das Mittel zur Befreiung und soll sich gekoppelt mit der Entwicklung von Mitgefühl vor allem in der Begegnung und im Verhalten gegenüber anderen Lebewesen auswirken.

Zusammenfassend weisen die Ergebnisse aus Literatur und Forschung auf die psychologische Bedeutung von Achtsamkeit hin.

Einzelne Merkmale von Achtsamkeit sind explizit und implizit schon seit langem Bestandteil verschiedener psychotherapeutischer Techniken und Haltungen. Andererseits wurden auf der Basis von Achtsamkeit auch neue Verfahren und Behandlungsmethoden psychischer Störungen entwickelt (Kabat-Zinn, 1996; Linehan, 1996; Scholz, 1997; Teasdale, 1999).

Studien bestätigen die klinisch-therapeutische Wirksamkeit von Achtsamkeitsmeditation (Majumdar, 1998; Miller et al., 1995; Kabat-Zinn et al., 1992; Scholz, 1992; Astin, 1997) und verschiedene Experten bemühen sich um ihre therapeutische Anwendung und Integration (Epstein, 1996; Galuska, 1997; Linehan, 1996; Scholz, 1992; Kabat-Zinn, 1996). Außerdem erscheint der Einsatz von Achtsamkeitsmeditation unter Berücksichtigung gesundheitsökonomischer Aspekte vielversprechend (Miller et al., 1995, Teasdale, 1999).

Achtsamkeit ist dennoch ein Konstrukt, das bislang noch nicht als solches empirisch überprüft wurde.

Ein Test ist dann nützlich, wenn einerseits ein praktischer Bedarf besteht und es andererseits noch kein weiteres Verfahren gibt, welches das jeweilige Merkmal misst (Lienert & Raatz, 1994). Ein Fragebogen zur Erfassung von Achtsamkeit würde sich dementsprechend als nützlich erweisen.

Die theoretische Analyse von Achtsamkeit, die teils auf aktuellen Forschungen teils auf begründeten Annahmen verschiedener Autoren basiert, könnte durch einen Fragebogen vertieft werden, indem die wesentlichen Merkmalszusammenhänge empirisch überprüft werden. Das Instrument könnte außerdem die Basis für die Erforschung synergistischer Effekte von Psychotherapie und Achtsamkeitsmeditation bilden.

3. METHODE

> Die Menschen versuchen, sich ein vereinfachtes, einsichtiges Bild von der Welt zu machen – wie es ihnen jeweils am besten entspricht. Sie versuchen, dieses von ihnen fabrizierte Bild mit der Erfahrungswelt auszutauschen, um auf diese Weise den inneren Frieden und die Stille zu gewinnen, die sie im engen Strudel der persönlichen Sinneserfahrung nicht finden können. Die höchste Aufgabe ist, jene elementaren Gesetze zu verwirklichen, mit denen das Universum durch Herleitung aus der direkten Sinneserfahrung zu verstehen ist.
> *Albert Einstein*

Der methodische Teil dieser Arbeit stellt zuerst die Zielsetzungen (Kap. 3.1.) und Fragestellungen (Kap. 3.2.) heraus. Anschließend wird die Erstellung des Itempools (Kap. 3.3.2.) und die Durchführung der Expertinnen- und Expertenbefragung (Kap. 3.3.3.) dargestellt. Die Hauptuntersuchung wird in Kap. 3.4. beschrieben.

3.1. Zielsetzungen

Die vorrangige Zielsetzung dieser Arbeit liegt in der Entwicklung und empirischen Überprüfung eines Instruments zur Erfassung von Achtsamkeit.

Diese übergeordnete Zielsetzung läßt sich in verschiedene untergeordnete Zielsetzungen unterteilen.

- **Entwicklung der Endform des Instruments:**
  Die Items des Fragebogens werden einer Analyse unterzogen und auf der Basis von Trennschärfe und Schwierigkeitsindex für die Endform ausgewählt.
- **Reliabilität:**
  Zur Überprüfung der Reliabilität der Skala wird Cronbachs Alpha als Maß für die interne Konsistenz berechnet.
- **Dimensionalität:**
  Die faktorielle Struktur des Fragebogens und des zugrundeliegenden Merkmals Achtsamkeit wird explorativ anhand der Ergebnisse des Fragebogens unter Verwendung faktorenanalytischer Methoden überprüft.
- **Sensitivität:**
  Die Ergebnisse hinsichtlich der Ausprägung von Achtsamkeit in der untersuchten Stichprobe lassen auf die Sensitivität des Instruments schließen.
- **Inhaltsvalidität:**
  Bei der Erstellung der Items der Vorform wird die inhaltliche Validität mittels Experteneinschätzungen überprüft und sichergestellt; nach der Itemselektion wird diese hinsichtlich der Endform erneut kritisch betrachtet.

3.2. Fragestellungen und Hypothesen

Aus den Zielsetzungen lassen sich verschiedene Fragestellungen und Hypothesen ableiten, die im Anschluss dargestellt werden.

Die grundlegende Fragestellung liegt in der methodischen Überprüfung der Vorform des „Freiburger Fragebogens zur Achtsamkeit" (FFA) als ein geeignetes Instrument zur Erfassung von Achtsamkeit.

Es wird erwartet, dass die Endform des FFA den oben genannten Itemgütekriterien genügt.

Eine weitere Fragestellung bezieht sich auf die Veränderung der Prä- und Post-Summenwerte von Achtsamkeit.

Fragestellung 1:

Besteht ein Unterschied zwischen den Achtsamkeitssummenwerten zu Kursbeginn und zu Kursende?

Es wird erwartet, dass der Achtsamkeitsscore nach der Intervention signifikant höher liegt als zum Prä-Messzeitpunkt.

- **Inhaltliche Fragestellungen und Hypothesen**

Um erste Hinweise auf die Konstruktvalidität von Achtsamkeit zu bekommen, erscheint es weiterhin interessant, Zusammenhängen zwischen Achtsamkeit und weiteren mit dem Fragebogen erhobenen Variablen nachzugehen.

Fragestellung 2:
Besteht ein Zusammenhang zwischen Übungshäufigkeit der Vipassana-Meditation vor Kursteilnahme und Achtsamkeitsscore zum Prä-Messzeitpunkt (t1)?
Es wird erwartet, dass der Achtsamkeitsscore zum Erhebungszeitpunkt t1 bei Kursteilnehmenden mit einer bereits bestehenden, kontinuierlichen Achtsamkeitsmeditationspraxis signifikant höher liegt als bei Meditationsanfängerinnen und -anfängern.

Fragestellung 3:
Besteht ein Zusammenhang zwischen Kurslänge und Achtsamkeitsscore zu Ende des Kurses?
Es wird erwartet, dass der Achtsamkeitsscore zu t2 proportional zur Kurslänge ansteigt.

Fragestellung 4:
Besteht ein Zusammenhang zwischen Angaben zur Konfession und Dauer der bisherigen Vipassana-Meditationspraxis?
Es wird angenommen, dass je länger eine Person bereits Vipassana-Meditation praktiziert, sie um so eher die buddhistische Konfession übernimmt.

3.3. Methodik

Der methodische Teil dieser Arbeit besteht in der Entwicklung des „Freiburger Fragebogens zur Achtsamkeit". In diesem Kapitel werden die drei Phasen der Fragebogenkonstruktion dargestellt: (1) die Erstellung des Itempools (Kap. 3.3.2); (2) die Durchführung einer Expertenbefragung zur Einschätzung der Eignung der Items (Kap. 3.3.3.) und (3) die Hauptuntersuchung, in der die Vorform des Fragebogens erstmals zur Erfassung von Achtsamkeit eingesetzt wurde (Kap. 3.4).

3.3.1. Vorüberlegungen zu Form und Inhalt des Fragebogens

Es handelt sich bei Achtsamkeit um eine Eigenschaft, die sich konkret in verschiedenen Verhaltensweisen ausdrückt. Aus diesem Grund wird eine Häufigkeitsskala zur Erfassung des Merkmals gewählt. Die Items werden als Statements formuliert, die inhaltlich verschiedene Äußerungsformen von Achtsamkeit darstellen. Der oder die Befragte kann dann selbst die Auftretenshäufigkeit jeder Aussage bezogen auf einen bestimmten vorangegangenen Zeitraum auf einer vierstufigen Skala mit den beiden Polen „fast nie" und „fast immer" einschätzen.

Da der Fragebogen die aktuelle Ausprägung von Achtsamkeit messen soll, werden alle Items im Präsens formuliert. Die Skala soll sowohl ausgeprägte als auch geringe Formen von Achtsamkeit einschließen, so dass sie eine ausreichende inhaltliche Validität und Sensitivität besitzt.

3.3.2. Erstellung des Itempools

In Anlehnung an Angleitner (1991) erfolgte die Erstellung des Itempools folgendermaßen:

- Anhand einer systematischen Literaturstudie über Vipassana-Meditation und Achtsamkeit - unter zu Hilfenahme verschiedener Bücherlisten mit empfohlener Vipassana-Literatur, u.a. von Allmen, Waldhaus *(n.d.)*, Buddhahaus *(n.d.)*, Gaia House *(n.d.)*, Deutsche Buddhistische Union *(n.d.)* sowie Literaturbesprechungen in den Zeitschriften ‚Lotusblätter' und ‚Inquiring Mind' – wurden Verhaltensweisen, die Achtsamkeit kennzeichnen, identifiziert und dementsprechende Items formuliert. Insgesamt wurden zahlreiche Werke namhafter Vipassana-Lehrenden und/ oder Buddhismus-Experten und Expertinnen aus verschiedenen Kulturkreisen (Deutschland, Schweiz, USA, England, Vietnam...) studiert; u.a. Allmen (1990, 1997), Ayya Khema (1987), Epstein (1996), Hart (1996), Goldstein (1996), Kabat-Zinn (1996, 1998), Kornfield (1995, 1996), Levine (1997), Nyanaponika (1993, 1994), Thich Nhat Hanh (1996, 1999), Titmuss (1998), Wetzel (1998a).

  Die im Theorieteil dieser Arbeit dargestellten Charakteristika von Achtsamkeit bildeten ebenfalls eine theoretische Grundlage des Itempools.
- Leitende zentrale Fragestellungen waren:

  Wie definieren diese Autorinnen und Autoren Achtsamkeit? Wie operationalisieren sie Achtsamkeit, insbesondere auf der Verhaltensebene?
- Die Autorinnen und Autoren, meist selbst Vipassana-Lehrerende, verfügen über große praktische Erfahrung. Sie haben oft an langen und intensiven Meditationsretreats, in denen u.a. Achtsamkeit geschult wurde, teilgenommen. Dieses praktische Wissen geben sie in ihren Büchern weiter.
- Einzelne Items wurden aus dem von Teasdale, Segal & Williams (1997) entwickelten unveröffentlichten „Experiences Questionnaire" (deutsche Übersetzung M. Majumdar & N. Schmid: „Fragebogen zur Erfassung von Erfahrung und Erleben") übernommen. Dieser Fragebogen wurde ursprünglich konstruiert, um Achtsamkeit zu erfassen. Im Nachhinein geht es jedoch eher um die Fähigkeit des ‚cognitive decentering' (John Teasdale, persönliche Mitteilung vom 24.4.1999), welches zwar inhaltlich mit Achtsamkeit verwandt, aber nicht identisch mit Achtsamkeit ist.
- Der Itempool umfasste 73 Beispielitems (siehe Anhang A).

3.3.3. Voruntersuchung: ExpertInnenbefragung zur Eignung der Items

3.3.3.1. Beschreibung der Expertinnen und Experten

Expertenstatus wurde hauptsächlich Personen zugeschrieben, die selbst Vipassana-Meditation lehren und dementsprechend langjährige Erfahrung in der Praxis dieser Meditationsform haben. Alle Expertinnen und Experten stammen aus dem deutschen Sprachraum.

Von den zwölf angeschriebenen Expertinnen und Experten erklärten sich acht bereit, die Prototypikalität jedes Items, d.h. die Eignung des Items zur Charakterisierung von Achtsamkeit, einzuschätzen. Im Anschluss werden sie kurz beschrieben.

Fred von Allmen ist seit 1984 weltweit als Vipassana-Lehrer tätig. Er verfügt über 30 Jahre praktische Erfahrung mit den Lehren des Theravada und des tibetischen Buddhismus und ist Autor mehrerer Bücher über Vipassana.

Dorothea Galuska, Physio- und Bewegungstherapeutin, war eine Schülerin von Ayya Khema und lehrt seit 1989 buddhistische Meditation. Sie arbeitet als leitende Therapeutin in der Fachklinik für Psychiatrie, Psychosomatik und Psychotherapie Heiligenfeld und integriert den Vipassana-Meditationsansatz in den Klinikalltag.

Paul Köppler gründete 1984 den gemeinnützigen Verein „Buddhismus im Westen e.V." und leitet seit 20 Jahren buddhistische Häuser. Er hat umfassende Erfahrung mit der Vipassana-Übung und Methoden der humanistischen Psychologie. Er ist im Vorstand der Deutschen Buddhistischen Union (DBU).

Sylvia Kolk ist seit Mitte der 70er Jahre in der Frauenbildung tätig. Sie ist von Ayya Khema zum Lehren autorisiert.

Ulrich Küstner, Arzt und körperorientierter Psychotherapeut, ist ausgebildet in der Tara Rokpa-Methode und verfügt über langjährige Erfahrung in Meditation.

Marie Mannschatz hat mehr als zwanzig Jahre als Gestalt- und Körpertherapeutin in eigener Praxis gearbeitet. Sie praktiziert seit zwei Jahrzehnten Vipassana-Mediation und wurde von Jack Kornfield zum Lehren autorisiert. Sie unterrichtet in Europa und den USA.

Sylvia Wetzel, Publizistin und Meditationslehrerin, befaßt sich seit 1977 mit dem Buddhismus. Sie hat acht Jahre ein buddhistisches Zentrum geleitet und war 15 Jahre Vorstandsmitglied der Deutschen Buddhistischen Union (DBU). Sie ist Autorin mehrerer Bücher über Buddhismus.

Anabelle Dagmar Zinser, Yoga- und Meditationslehrerin, ist von Ruth Denison zur Weitergabe der Vipassana-Meditation autorisiert.

3.3.3.2. Beschreibung des Einschätzungsbogens

Der Einschätzungsbogen für die ExpertInnenbefragung ist im Anhang aufgeführt. Er enthielt neben einer Liste der zufällig angeordneten 73 Items Informationen über das Anliegen der Untersuchung. Die Expertinnen und Experten wurden gebeten, jedes Item bezüglich seiner Eignung zur Erfassung von Achtsamkeit auf einer dreistufigen Skala, unterteilt in „geeignet", „weniger geeignet" und „ungeeignet“, einzuschätzen. Außerdem sollten sie auf eine sinngemäße und verständliche Formulierung der Items achten. Zum besseren Verständnis des Fragebogens wurde ihnen weiterhin mitgeteilt, auf welcher Art von Skala die Items in der Vorform beantwortet werden.

3.3.3.3. Einschätzung der Items und Vorgehen bei der Itemauswahl

Codiert man die Einschätzung der Items gemäß Schulnotensystem mit 1=„geeignet“, 3=„weniger geeignet“ und 5=„nicht geeignet“, so ergibt sich ein Mittelwert über die 73 Items von 1.62. Dies bedeutet, dass die Items insgesamt im Durchschnitt als „sehr gut“ bis „gut“ eingeschätzt wurden. Das am besten geeignete Item hatte einen Mittelwert von 1 und das am schlechtesten eingestufte Item wurde durchschnittlich mit 3 bewertet (vgl. Anhang A). Die mittlere Einschätzung dient hier der Anschaulichkeit.

Um die inhaltliche Validität des Fragebogens sicherzustellen wurden

- Items, die von einem oder mehreren Experten als „ungeeignet“ eingestuft wurden und
- Items, die drei- oder mehrmals als „weniger geeignet“ eingeschätzt wurden

aus dem Itempool entfernt.

Nach dieser ersten Auswahl wurden die verbleibenden Items noch einmal kritisch hinsichtlich Formulierung und Inhalt geprüft. Da die Expertinnen und Experten oft hilfreiche inhaltliche Verbesserungs- oder Formulierungsvorschläge für einzelne Items lieferten, wurden diese, sofern es sinnvoll für das Konstrukt und die Verständlichkeit der Aussagen erschien, aufgegriffen.

Außerdem wurden in Abstimmung mit den Rückmeldungen

- einzelne Items, die formal nicht den Kriterien entsprachen, aber psychologisch valide für das Konstrukt erschienen, unter Berücksichtigung der Verbesserungsvorschläge der Experten umformuliert und ebenfalls in die Vorform des Fragebogens mit aufgenommen (Nr. 1, 38, 65, 70, 72). Bei Item Nr. 1 und 70 wurde vor allem bemängelt, dass ihre Aussagen zu absolut erschienen. Item Nr. 38, 65 und 72 wurden anhand der Rückmeldung der Experten inhaltlich verbessert.
- einzelne Statements, obwohl sie den Kriterien entsprachen, aufgrund ihrer inhaltlichen Redundanz (Nr. 3, 20) oder aufgrund ihrer im Nachhinein erkannten fehlenden Bedeutung für das Konstrukt Achtsamkeit, dennoch ausgeschlossen (Nr. 17, 26, 29, 49, 56, 57). Bei Item Nr. 17 geht es z.B. mehr um Liebe und Mitgefühl, bei Item Nr. 26 eher um Sammlung und Konzentration als um Achtsamkeit. Die Statements Nr. 49, 56 und 57 beschreiben eher buddhistische Theorien, Konzepte und Vorstellungen, die nicht unbedingt Achtsamkeit betreffen müssen.
- Das Item Nr. 74 wurde nachträglich in Rücksprache mit einer Expertin hinzugefügt (Marie Mannschatz, persönliches Gespräch vom 12.05.1999).

- Es blieben 38 Items zurück, die den Fragebogen für die Hauptuntersuchung bildeten (s. Anhang A und B).

3.3.4. Hauptuntersuchung

3.3.4.1. Forschungsdesign

Zur Bestimmung der psychometrischen Qualität der Fragebogenitems und der Skala sowie zur Erfassung der Dimensionalität des Merkmals Achtsamkeit wurde eine Prä-Post-Messung gewählt.

Die Vorform des Fragebogens wurde zu zwei Messzeitpunkten an vier verschiedene Stichproben von Vipassana-Kursteilnehmerinnen und -teilnehmern vergeben. Jeweils am Anfang (t1) und am Ende (t2) der Kurse wurden die Personen gebeten, den FFA auszufüllen. Der Zeitabstand zwischen den beiden Erhebungszeitpunkten richtete sich nach der jeweiligen Kursdauer.

3.3.4.2. Stichprobengewinnung

Verschiedene Vipassana-Meditationslehrerinnen und -lehrer, die während des Erhebungszeitraums von Mai bis August 1999 Achtsamkeitsmeditationskurse im deutschsprachigen Raum leiteten und teilweise auch schon an der Einschätzung der Eignung der Items beteiligt waren, erklärten sich bereit im Rahmen ihrer Kurse, den Fragebogen zu vergeben. So konnte die Untersuchung an vier Achtsamkeitsmeditationskursen durchgeführt werden.

3.3.4.3. Beschreibung der Vipassana-Medititationskurse

- **Die Kursleitung und das Setting**

Kurse I, II und III fanden im „Seminarhaus Engl e.V." in Niederbayern statt. „Seminarhaus Engl e.V." ist ein gemeinnütziger Verein, der 1990 gegründet wurde, um Veranstaltungen verschiedener buddhistischer Traditionen durchzuführen (Seminarhaus Engl Kursprogramm, n.d.). Kurs I wurde von Fred von Allmen und Ursula Flückiger, Kurs II von Marie Mannschatz und Kurs III von Sylvia Wetzel geleitet. Die Dauer der einzelnen Kurse variierte: Kurs I lief über 7 Tage, Kurs II über 11 Tage und Kurs III über 8 Tage. Bei Kurs I und II bestand die Möglichkeit jeweils nur 3 bzw. 6 Tage teilzunehmen.

Kurs IV wurde in einem angemieteten Haus der „Dhamma Gruppe Schweiz" (vgl. Kap. 2.2.1.2.) in Mannenbach am Bodensee durchgeführt. Fred von Allmen, Ursula Flückiger, Carol Wilson und Charles Genoud leiteten diesen zweiwöchigen Kurs. Es bestand die Möglichkeit nur die erste Woche teilzunehmen. Die Kurssprache war englisch.

Die Lehrerinnen und Lehrer erhielten kein Honorar, sondern freiwillige Spenden der Kursteilnehmenden am Ende des Kurses (*dana* = Großzügigkeit). Dem liegt das traditionelle buddhistische Prinzip zugrunde, dass die buddhistische Lehre *(dhamma)* durch keinerlei materiellen Werte aufgewogen werden kann und dass sie unentgeltlich und für jedermann zugänglich sein sollte. Oft bestreiten die Lehrenden ihren Lebensunterhalt ausschließlich anhand der Spenden und verfügen über kein Nebeneinkommen. Bei den von der „Dhamma Gruppe Schweiz" angebotenen Kursen erhalten auch Organisatorinnen und Organisatoren sowie Köchinnen und Köche kein Entgelt für ihre Arbeit, sondern stellen diese freiwillig und im „Geiste der Großzügigkeit" zur Verfügung.

- **Kursinhalt und -methoden**

Der Tagesablauf während der Kurse bestand aus 45-minütigen Sitz- und Gehmeditationen im Wechsel, welche nur durch die Mahlzeiten und eine 1-stündige „Arbeitsmeditation" unterbrochen wurden. Die Gesamtdauer der Meditationspraxis betrug täglich mehr als 8 Stunden. Während dieser Zeit ging es fast ausschließlich um die Entwicklung von Achtsamkeit. Selbst während der „Pausen" wurde z.B. achtsames Essen geübt. Abends hielten die Lehrenden einen circa 1-stündigen „Dharma"-Vortrag zu verschieden Aspekten der Praxis, wie Praxis im Alltag, Sammlung und Konzentration, Achtsamkeit, Vergänglichkeit, Liebe und Mitgefühl. Die Kurse fanden im vollständigen Schweigen statt, mit Ausnahme von Gruppen- und Einzelgesprächen mit den Lehrenden (jeweils circa alle 2 Tage).

Die Methoden der Vipassana-Meditation wie z.B. die Atembetrachtung und die Gehmeditation sind im theoretischen Teil dieser Arbeit (Kap. 2.2.2.) ausführlich beschrieben. Kurs II wich etwas von dem oben dargestellten Schema ab und beinhaltete zusätzlich noch die Tara Praxis, eine tibetisch-buddhistische Meditationsform mit Visualisierungen und Affirmationen. Bei Kurs III wurden zusätzlich morgens und nachmittags Yogaübungen angeleitet. Die Besonderheit an Kurs IV war, dass die erste Woche alleinig der Praxis von ‚Liebevoller Güte' (siehe Kap. 2.3.1.4.) gewidmet war. Die Erhebung zu t2 wurde aufgrund dessen nur nach 14 Tagen durchgeführt, um die Ergebnisse nicht zu verfälschen.
Der folgende Kasten stellt einen beispielhaften Tagesablauf während des ‚retreats' dar.

Ein beispielhafter Tagesablauf:

6.00	Wecken	15.00	Gehmeditation
6.30	Sitzen	15.45	Sitzen
7.15	Frühstück	16.30	Gehmeditation
8.15	Arbeitsperiode	17.15	Abendessen
9.15	Sitzen	18.15	Sitzen
10.00	Gehmeditation	19.00	Gehmeditation
10.45	Sitzen	19.15	Dharma-Vortrag
11.30	Gehmeditation	20.15	Gehmeditation
12.15	Mittagessen	20.45	Sitzen
14.15	Sitzen und Anleitungen	21.30	Tee, Nachtruhe oder Weiterüben

Als Grundlage der spirituellen Praxis und um für alle Teilnehmenden einen sicheren Rahmen zu gewähren, verpflichteten sich die Kursteilnehmer und Kursteilnehmerinnen während der Dauer des ‚retreats' die folgenden fünf ethisch-moralischen Verhaltensregeln einzuhalten:

- Respekt für alle Lebewesen, d.h. kein Lebewesen absichtlich zu töten oder zu verletzen
- Den Besitz anderer zu achten, d.h. nichts zu nehmen, was einem nicht gehört
- Die Wahrheit zu respektieren, d.h. nichts Unwahres zu sagen bzw. das Schweigen einzuhalten
- Keine sexuellen Aktivitäten
- Kein Konsum von Alkohol oder Drogen.

3.3.4.4. Die Befragung

Die ‚retreats' begannen am Abend des ersten Kurstages mit einem Einführungsvortrag, währenddessen alle Teilnehmenden in der Regel anwesend waren. Nach dem Vortrag wiesen die Lehrenden auf die Vergabe des Fragebogens und Sinn und Zweck der Untersuchung hin. Die Freiwilligkeit und Anonymität der Studie wurde betont. Jeder konnte sich daraufhin einen Fragebogen nehmen, wobei der Bearbeitungszeitpunkt freigestellt war. Der Rückgabetermin wurde jedoch auf die Mittagspause des darauffolgenden Tages festgelegt.

Am Ende des Kurses wurde wieder an den Fragebogen erinnert. Weiterhin wurde in der Regel darauf geachtet, dass die Teilnehmenden den Fragebogen möglichst vor dem „Brechen des Schweigens" (zum Frühstück des letzten Kurstages) ausfüllen, da die damit verbundene Aufregung und Ablenkung ungünstige Auswirkungen auf den Rücklauf und die Ergebnisse haben könnte.

3.3.4.5. Aufbau der Vorform des „Freiburger Fragebogens zur Achtsamkeit" (FFA)

Die einzelnen Schritte der Entwicklung der Vorform wurden in den vergangenen Kapiteln bereits ausführlich dargestellt. Hier sei lediglich eine kurze zusammenfassende Beschreibung gegeben.

Bei dem FFA handelt es sich um ein quantitatives Verfahren zur Selbstbeurteilung. Das Instrument entspricht formal einer „Eigenschaftsskala" und enthält 38 Statements; die Endform wurde auf 30 Items gekürzt.

7 Items wurden in ihrer Negativ-Form, d.h. entgegen der Schlüsselrichtung („fast nie"- Antwort entspricht einer hohen Ausprägung von Achtsamkeit) formuliert. Die Anordnung der Reihenfolge der Items erfolgte nach dem Zufallsprinzip.

Zur Beantwortung wurde eine 4-stufige Skala vorgegeben, die in „fast nie", „eher selten", „relativ oft" und „fast immer" unterteilt war. Mit dieser gerad-

zahligen Abstufung wurde bewusst auf eine mittlere Antwortkategorie verzichtet, um die „Tendenz zur Mitte“ (Tendenz zu neutralen Antworten) zu umgehen.
Die Punktwerte der einzelnen Items werden zu einem Gesamtwert summiert, der als Indikator für die Ausprägung von Achtsamkeit dient. Die Instruktion für die Kursteilnehmenden lautete zum Erhebungszeitpunkt t1, die Aussagen auf die letzten 14 Tage zu beziehen. Zum Zeitpunkt t2 wurden die Kursteilnehmer gebeten, in Abhängigkeit von der jeweiligen Kursdauer (3-14 Tagen), die Aussagen auf die letzten 2 bis 7 Tage des Kurses zu beziehen.

Die Probandinnen und Probanden wurden außerdem aufgefordert, die Fragen aufrichtig, spontan und vollständig zu beantworten. Um eine Verzerrung der Ergebnisse im Sinne der sozialen Erwünschtheit zu vermeiden, wurde betont, dass es keine „richtigen“ oder „falschen“ Antworten gibt, sondern die persönlichen Erfahrungen des Einzelnen zählen.

Die letzte Seite des Fragebogens enthielt soziodemographische Angaben zur Person wie Alter, Geschlecht, Konfession, Familienstand, Lebenssituation, Beruf und Angaben zur Vipassana-Meditationspraxis (Dauer, Häufigkeit, Länge).

3.3.4.6. Datenauswertung und Datenaufbereitung

Die Datenauswertung erfolgte mit der Statistiksoftware SPSS für Windows, Version 8.01.

Der maximal tolerierbare Prozentanteil an fehlenden Werten wurde auf 5% festgelegt: Fragebögen, die drei oder mehr fehlende Werte aufwiesen, wurden ausgeschlossen. Bei den restlichen Fragebögen wurden die fehlenden Werte entweder durch

- den in sinnvoller Weise gerundeten Mittelwert des jeweiligen Items (bei fehlender Antwort) oder
- den jeweils niedrigeren Wert (bei zwei nebeneinander stehenden Antworten pro Item oder einem Kreuz zwischen den Spalten der Antwortskala)

ersetzt.

Weiterhin wurden die negativ formulierten Items umgepolt (vgl. Anhang B), so dass hohe Werte durchgängig für eine hohe Ausprägung von Achtsamkeit stehen.

4. ERGEBNISSE

> Wenn die Wissenschaft beweisen sollte, dass eine wesentliche Aussage des Buddhismus falsch ist, dann muss sich eben der Buddhismus dementsprechend ändern.
>
> *Dalai Lama*

Diese Kapitel beschreibt die Ergebnisse der Hauptuntersuchung. Nach einer Darstellung des Rücklaufs und der soziodemographischen Merkmale der Gesamtstichprobe (Kap. 4.1.) erfolgt die Itemanalyse der Vorform (Kap. 4.2.). Anschließend wird die Itemanalyse der Endform (Kap. 4.2.3.) und die faktorielle Struktur des Fragebogens (Kap. 4.2.3.1.) wiedergegeben. Das letzte Kapitel (Kap. 4.3.) stellt die empirischen Zusammenhänge zwischen Achtsamkeit und weiteren Merkmalen dar.

4.1. Rücklauf und Beschreibung der Stichprobe

Die Rücklaufquote ist mit 77.9% zum Prä- und 75.8% zum Post-Messzeitpunkt als gut anzusehen.

Insgesamt nahmen 136 Personen an der Untersuchung teil. Zum ersten Messzeitpunkt (t1) füllten 121 Probandinnen und Probanden den Fragebogen aus; zum Erhebungszeitpunkt t2 gingen 107 Fragebögen ein. Der Grund für die ungleiche Verteilung liegt u.a. darin, dass die Personen, die nur an der ersten Woche Metta-Meditation von Kurs IV teilgenommen haben, aus inhaltlichen Gründen zu t2 nicht erfasst wurden. Doch auch bei den anderen Kursen füllten einzelne Teilnehmerinnen und Teilnehmer die Fragebögen jeweils nur zu einem Erhebungszeitpunkt aus.

Aufgrund von fehlenden Werten mussten 35 Fragebögen aus der Auswertung ausgeschlossen werden. Dem möglichen Grund für diese Anhäufung von insbesondere Falsch-Antworten, d.h. 2 Kreuzen pro Item oder ein Kreuz zwischen den Stufen der Antwortskala, wird in der Diskussion (Kap. 5.) nachgegangen.

Die Analysestichprobe reduzierte sich dementsprechend auf insgesamt 115 Probandinnen und Probanden; jeweils 100 Fragebögen zu t1 und 93 Fragebögen zu t2 waren auswertbar. Davon haben 79 Personen den Fragebogen für die beiden Erhebungszeitpunkte ausgefüllt.

Tabelle 1 zeigt die Anzahl der in der Auswertung berücksichtigten Fragebögen pro Kurs und Erhebungszeitpunkt.

Tabelle 1: Zusammensetzung der Analysestichprobe getrennt nach Kurs

	t1	**t2**	**t1 – t2**
Kurs 1	31	29	27
Kurs 2	21	19	16
Kurs 3	11	15	10
Kurs 4	37	30	26
Insgesamt	**100**	**93**	**79**

Die soziodemographischen Angaben zur Beschreibung der Gesamtstichprobe sind auf der nächsten Seite in Tabelle 2 aufgeführt.

Da die Tabelle die einzelnen Angaben sehr detailliert auflistet, seien im folgenden nur die wichtigsten bzw. auffälligsten Merkmale angesprochen.

Unter der Gesamtstichprobe (N=115), die in die Auswertung einging, waren 79 Frauen (69%) und 36 Männer (31%) vertreten. Das Durchschnittsalter lag bei 43 Jahren. Die jüngste Teilnehmerin war 22 und der älteste Teilnehmer 61 Jahre alt. 2 Personen gaben ihr Alter nicht an. Die meisten Teilnehmerinnen und Teilnehmer (40%) waren zwischen 36 und 45 Jahre alt. Nur 3% der Gesamtstichprobe waren unter 26 Jahren alt. 19% der Probandinnen und Probanden waren zwischen 26 und 35 Jahre alt, wobei in dieser Altersgruppe der Anteil der Männer (28%) prozentual höher lag als bei den Frauen (15%).

Tabelle 2: Soziodemographische Merkmale der Gesamtstichprobe getrennt nach der Variable Geschlecht (N=115)

Soziodemographische Merkmale	Frauen		Männer		Gesamt	
	N	%	N	%	N	%
Alter (Durchschnitt: 43; Range: 22 – 61)						
22 – 25	2	3	1	3	3	3
26 – 35	12	15	10	28	22	19
36 – 45	33	42	13	36	46	40
46 – 55	20	25	9	25	29	25
56 – 61	11	14	2	5	13	11
fehlende Angaben	1	1	1	3	2	2
Beruf						
med.-psychosoz.	35	44	8	22	43	37
jur.-wirtschaftl.	2	3	4	11	6	5
LehrerIn	12	15	1	3	13	11
biochem./ med.-techn.	2	3	2	6	4	3
Informatik-/ Ingenieurswiss.	3	4	7	18	10	9
journalist.-verleger.	3	4	3	8	6	5
künstl.	2	3	1	3	3	3
SchülerIn/ StudentIn	8	10	3	8	11	10
ohne Beruf	2	3	0	0	2	2
pensioniert	1	1	1	3	2	2
sonstige	2	3	1	3	3	3
fehlende Angaben	7	8	5	14	12	10
Konfession (z.T. Mehrfachnennungen)						
evangelisch	18	21	6	16	24	20
katholisch	14	17	6	16	20	16
buddhistisch	14	17	9	23	23	19
keine Konfession	31	39	16	42	47	38
sonstige	6	7	0	0	6	5
fehlende Angaben	1	1	1	3	2	2
Praxis						
Praktizierend	44	56	15	42	59	51
Nicht praktizierend	17	22	8	22	25	22
Sonstiges	5	6	5	14	10	9
Fehlende Angaben	13	16	8	22	21	18

Fortsetzung Tabelle 2: Soziodemographische Merkmale der Gesamtstichprobe

Soziodemographische Merkmale	Frauen N	Frauen %	Männer N	Männer %	Gesamt N	Gesamt %
Familienstand						
ledig	47	59	23	64	70	61
verheiratet	14	18	8	22	22	19
geschieden	17	22	4	11	21	18
verwitwet	0	0	0	0	0	0
fehlende Angaben	1	1	1	3	2	2
Lebenssituation						
Allein	33	42	15	41	48	42
mit PartnerIn/ EhepartnerIn	35	44	19	53	54	47
bei den Eltern	0	0	0	0	0	0
in Wohngemeinschaft	11	14	1	3	12	10
fehlende Angaben	0	0	1	3	1	1
Gesamt	**79**	**100**	**36**	**100**	**115**	**100**

25% der Stichprobe waren 46 bis einschließlich 55 Jahre alt. 11 Frauen (14%) und 2 Männer (5%) waren zwischen 56 und 61 Jahre alt.

Da die Sparte Beruf offen ohne Kategorienvorgabe abgefragt wurde, ist nachträglich eine grobe Einteilung in Berufsgruppen vorgenommen worden. Auffallend ist hierbei, dass 44% der Frauen und 22% der Männer einen Beruf im Bereich der medizinisch-psychsozialen Versorgung ausübten, wie z.B. Psychologin, Ärztin, Sozialpädagoge, Physiotherapeut.

Bei den Angaben zur Konfession haben 6% der Kursteilnehmer und –teilnehmerinnen Mehrfachnennungen (evangelisch/ buddhistisch oder katholisch/ buddhistisch) gemacht. Ein großer Teil der Probanden und Probandinnen, insgesamt 38% (37% der Frauen und 42% der Männer), gaben an, keiner Konfession anzugehören. Die Anzahl von evangelischen, katholischen und buddhistischen Teilnehmern und Teilnehmerinnen war fast gleich verteilt. Sie lag bei Frauen, Männern und in der Gesamtstichprobe bei ungefähr 20%. Insgesamt bezeichneten sich 51% der Personen als in ihrer Konfession praktizierend und 22% als nicht praktizierend. 18% machten diesbezüglich keine Angaben.

Über die Hälfte der Teilnehmer und Teilnehmerinnen (61%) waren ledig; 19% verheiratet und 18% wieder geschieden.

Die Lebenssituation zeigte sich bei Frauen und Männern im Verhältnis ähnlich verteilt. 42% der Frauen und 41% der Männer lebten allein. Die Zahl der männlichen Teilnehmer, die mit ihrer Partnerin zusammen lebten (53%) liegt etwas über dem Anteil der Frauen (44%). Der Anteil der Frauen, die in Wohngemeinschaft lebten, ist deutlich größer als bei den Männern (14% zu 3%).

Tabelle 3 zeigt die Angaben zur Vipassana-Meditationspraxis der Gesamtstichprobe.

Tabelle 3: Persönliche Angaben zur Meditationspraxis (N=115)

Angaben zur Meditationspraxis	N	%
Seit wann praktizieren Sie Vipassana-Meditation? (Durchschnitt: 5; Range: 0 – 22)		
< 1 Jahr	24	21
1 – 2 Jahre	12	10
2.5 – 4 Jahre	22	19
4.5 – 7 Jahre	21	18
7.5 – 10 Jahre	9	8
10.5 – 15 Jahre	10	9
15 – 22 Jahre	5	4
fehlende Angaben	12	10
Wie oft praktizieren Sie (im Durchschnitt)?		
AnfängerIn (noch keine Praxis)	8	7
Mehrmals täglich	9	8
Täglich	32	28
2 – 3 mal die Woche	33	29
jede Woche	4	3
sonstiges	27	23
fehlende Angaben	2	2
Für wie lange? (in Stunden pro Woche) (Durchschnitt: 2.7; Range: 0 – 14)		
0 Stunden	8	7
< 1 Stunde	30	26
1.25 – 2.5 Stunden	26	23
3 – 5 Stunden	26	23
5.25 – 7.5 Stunden	11	9
> 9 Stunden	4	3
fehlende Angaben	10	9
Gesamt	**100**	**115**

Im Durchschnitt praktizierten die Kursteilnehmerinnen und Kursteilnehmer seit 5 Jahren Vipassana-Meditation. Unter der Gesamtstichprobe befanden sich acht „absolute Anfängerinnen und Anfänger“ (7%), die noch nicht vorher Vipassana geübt haben und dementsprechend keine Praxis im Alltag vorweisen konnten. Die Anzahl der Personen, die seit weniger als einem Jahr meditierten, lag bei 21% und ist damit relativ hoch. 10 Personen (12%) gaben an, dass sie 1 bis 2 Jahre Vipassana-Meditationserfahrung haben. Die Anzahl der Teilnehmenden, die zwischen 2.5 und 4 Jahren bzw. zwischen 4.5 und 7 Jahren Vipassana praktizierten ist mit respektiv 19% und 18% gleich verteilt. 21% der Gesamtstichprobe meditierte seit mehr als 7 Jahren und 4% verfügte über mehr als 15 Jahre Erfahrung in Vipassana-Meditation.

Die größte Anzahl der Personen übte täglich (28%) oder 2 bis 3 mal die Woche (29%). Mehrmals täglich praktizierten 8% und einmal pro Woche 4% der Probandinnen und Probanden. 23% machten keine Angaben.

26% der Personen praktizierten weniger als eine Stunde pro Woche Vipassana. Jeweils 23% meditierten zwischen 1.25 und 2.5 Stunden oder zwischen 3 und 5 Stunden die Woche. Mehr als 5 Stunden übten 12% der Kursteilnehmerinnen und Kursteilnehmer und davon praktizierte 3% der Gesamtstichprobe über 9 Stunden pro Woche.

4.2. Achtsamkeit: Entwicklung der Endform und Darstellung der Ergebnisse

Dieses Kapitel beschreibt das Vorgehen der dritten Entwicklungsphase des Fragebogens. Nach der Itemanalyse und Itemselektion wird die Endform hinsichtlich ihrer faktoriellen Struktur getrennt für Prä- und Post-Messzeitpunkt überprüft.

4.2.1. Itemanalyse und Itemselektion

4.2.1.1. Itemanalyse der Vorform für die beiden Erhebungszeitpunkte t1 und t2

Zunächst wurden die Antworten jedes Kursteilnehmenden zu einem Gesamtsummenwert addiert. Die Verteilungen dieser Gesamtsummenwerte über die 38 Items der Vorform zu den beiden Erhebungszeitpunkten sind auf der folgenden Seite in Form eines Histogramms mit Normalverteilungskurve in Abbildung 2 und Abbildung 3 dargestellt.

Wie aus den beiden Grafiken ersichtlich ähneln die Antwortverteilungen zu den beiden Erhebungszeitpunkten mit einer Schiefe von .38 und einer Kurtosis von .43 (t1) sowie einer leichten Schiefe von -.22 und einer Kurtosis von 1.52 (t2) einer Normalverteilung.

Der Kolmogorov-Smirnov-Anpassungstest zeigt mit Z = .54 (t1) und Z= .70 (t2) sowie p= .93 (t1) und p= .72 (t2), dass die Nullhypothese, derzufolge die Stichproben aus einer normalverteilten Grundgesamtheit stammen, aufrecht erhalten werden kann.

Die statistischen Kennwerte der Verteilung der Gesamtsummenwerte von Achtsamkeit für die beiden Erhebungszeitpunkte können der Tabelle 4 entnommen werden.

Abbildung 2: Verteilung der Gesamtsummenwerte von Achtsamkeit der Vorform zu t1 (N=100)

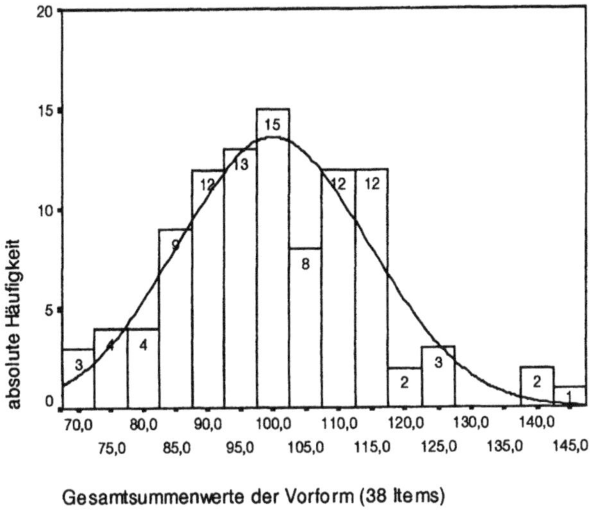

Abbildung 3: Verteilung der Gesamtsummenwerte von Achtsamkeit der Vorform zu t2 (N=93)

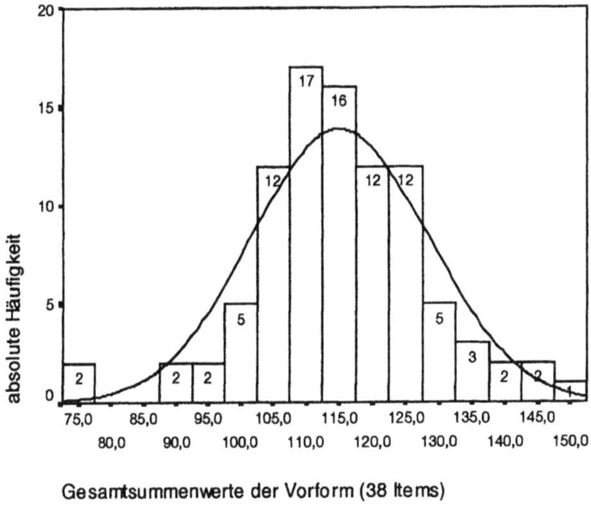

Anmerkung: Die Häufigkeitsangaben beziehen sich auf Kategorien in Zehnerschritten; angegeben ist jeweils der Mittelpunkt jeder Kategorie.

Tabelle 4: Kennwerte der Verteilung der Gesamtsummenwerte von Achtsamkeit der Vorform (30 Items) für die beiden Erhebungszeitpunkte t1 und t2

Gesamtsumme	**t1**	**t2**
Mittelwert:	100	115
Standardabweichung:	14.64	13.33
Erwarteter Range:	38 – 152	38 – 152
Tatsächlicher Range:	71 – 146	73 – 148
Schiefe:	.38	-.22
Kurtosis (Exzess):	.43	1.52

Die durchschnittliche Ausprägung des Merkmals zu t1 liegt bei einem Mittelwert der Gesamtsumme von 100. Teilt man die Gesamtsumme durch die Anzahl der Items, so ergibt sich ein durchschnittlicher Wert von 2.63, der sich in etwa zwischen den beiden Antwortkategorien „eher selten" und „relativ oft" befindet. Bei einem Vergleich des möglichen Range (38 –152) mit dem tatsächlichen Range (71 – 146) zeigt sich eine Differenz am linken Pol.

Der Mittelwert liegt nach Kursende (t2) bei 115, also eine Standardabweichung höher als zu Beginn des Kurses. Es ergibt sich ein durchschnittlicher Wert von 3.03, der hier der Antwortkategorie „relativ oft" entspricht. Der Range weicht mit 73 – 148 nur sehr leicht von den Ergebnissen zu Kursbeginn ab. Die Antwortverteilung geht ebenfalls wie erwartet in Schlüsselrichtung.

Abbildung 4: Boxplot-Diagramm der Gesamtsummenwerte zu t1 (N=100)

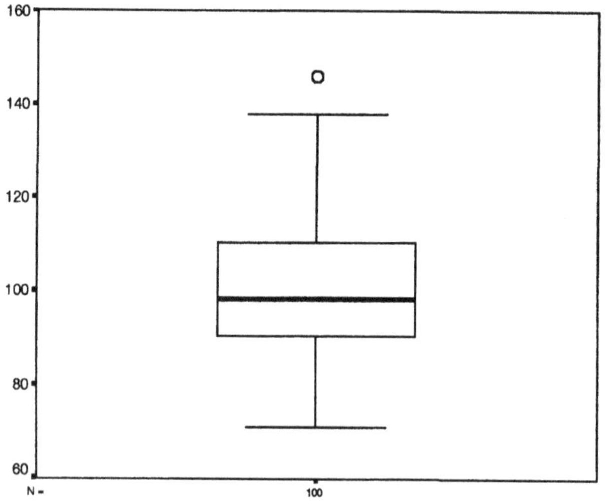

Zur Prüfung der Antwortverteilung nach Ausreißern und Extremwerten wurden für die beiden Messzeitpunkte Boxplot-Diagramme zu den Verteilungen der Gesamtsummenwerte von Achtsamkeit erstellt (Abbildungen 4 und 5).
Das Boxplot-Diagramm zu t1 weist daraufhin, dass der größte Summenwert von 146 einen Ausreißer darstellt. Zu t2 handelt es sich sowohl bei den sehr hohen Werten 147 und 148 als auch bei dem sehr niedrigen Wert 73 um Ausreißer.

Abbildung 5: Boxplot-Diagramm der Gesamtsummenwerte zu t2 (N=93)

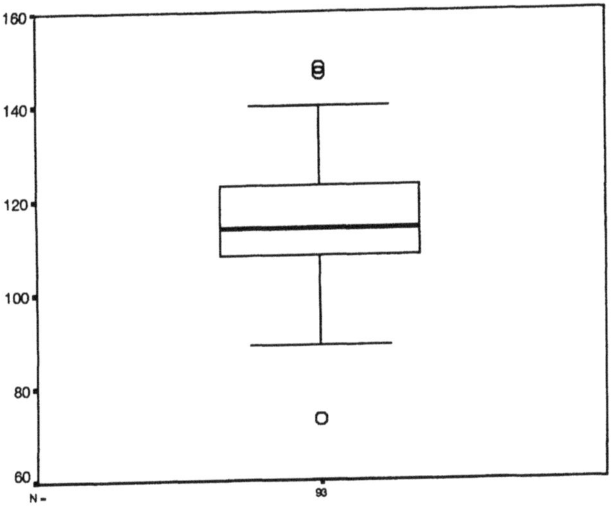

In der folgenden Tabelle 5 werden die Ergebnisse der Reliabilitätsanalyse der 38 Items für den Erhebungszeitpunkt t1 wiedergegeben. In der letzten Spalte sind die Kriterien aufgeführt, aufgrund derer einzelne Items ausgeschlossen wurden. Diese werden im Abschnitt Itemselektion (Kap. 4.2.1.2.) näher erläutert.

Tabelle 5: Ergebnisse der Reliabilitätsanalyse der Vorform zu t1 (N=100): Deskriptive Itemkennwerte, Trennschärfekoeffizienten und Ausschlusskriterien

Item-Nr.	M	SD	p	TS	Alpha ohne Item	Ausschluss-Kriterium
1	2.53	.69	.63	.401	.9361	
2	2.44	.64	.61	.553	.9348	
3	2.80	.59	.70	.664	.9340	
4	2.88	.70	.72	.480	.9354	
5	2.44	.73	.61	.239	.9376	T

Fortsetzung Tabelle 5: **Ergebnisse der Reliabilitätsanalyse der Vorform zu t1**

Item-Nr.	M	SD	p	TS	Alpha ohne Item	Ausschluss-Kriterium
6	2.47	.66	.62	.462	.9355	
7	3.36	.67	.84	.386	.9362	S
8	2.75	.73	.69	.567	.9346	
9	2.71	.67	.68	.542	.9348	
10	2.44	.69	.61	.660	.9338	
11	2.53	.78	.63	.620	.9341	
12	2.60	.78	.65	.590	.9344	
13	2.73	.75	.68	.278	.9373	T
14	2.61	.72	.65	.501	.9352	
15	2.98	.51	.75	.432	.9358	
16	2.79	.66	.70	.625	.9342	
17	2.27	.69	.57	.594	.9344	
18	2.26	.65	.57	.599	.9344	
19	2.69	.71	.67	.550	.9348	
20	3.04	.53	.76	.368	.9362	
21	2.85	.69	.71	.441	.9357	
22	2.96	.68	.74	.408	.9360	
23	2.29	.66	.57	.689	.9336	
24	2.60	.79	.65	.449	.9358	
25	2.37	.69	.59	.548	.9348	
26	2.88	.73	.72	.477	.9354	
27	2.65	.70	.66	.651	.9339	
28	2.26	.65	.57	.555	.9348	
29	2.56	.72	.64	.549	.9348	
30	3.10	.73	.78	.334	.9367	T
31	2.56	.77	.64	.563	.9346	
32	2.49	.81	.62	.670	.9335	
33	2.81	.66	.70	.614	.9342	

Fortsetzung Tabelle 5: Ergebnisse der Reliabilitätsanalyse der Vorform zu t1

Item-Nr.	M	SD	p	TS	Alpha Ohne Item	Ausschluss-Kriterium
34	2.49	.70	.62	.557	.9347	
35	2.36	.89	.59	.498	.9354	
36	2.21	.74	.55	.527	.9350	
37	2.51	.80	.63	.483	.9354	
38	2.72	.68	.68	.450	.9356	

mitgeteilt werden: Mittelwert (M), Standardabweichung (SD), Schwierigkeitsindex (p) berechnet nach Bortz & Döring (1995, S.199), part-whole korrigierter Trennschärfekoeffizient (TS), Cronbachs Alpha unter Ausschluss dieses Items (Alpha ohne Item) und die Gründe, warum ein Item ausgeschlossen wurde (Ausschlusskriterium), wobei T = Trennschärfekoeffizient < .40 und S = Schwierigkeitsindex > .80;
bei einer Antwortskalierung von 1 – 4, wobei der Wert 4 nach Umpolung bei allen Items der höchsten Ausprägung von Achtsamkeit entspricht.

Interne Konsistenzschätzung (Cronbachs Alpha): .94
Test-Homogenität (mittlere Item-Inter-Korrelation): .28 (Min.: -.06; Max.: .64)
Durchschnittliche Itemschwierigkeit: .66 (Min.: .55; Max.: .84)

Zur Ermittlung der Reliabilität wurde die interne Konsistenz mittels des Alpha-Koeffizienten nach Cronbach berechnet. Bei einem Alpha von .94 kann man von einer vergleichsweise hohen Reliabilität sprechen. Eine Item-Inter-Korrelation zwischen .20 und .40 weist auf die Homogenität eines Tests hin (Bortz & Döring, 1995). Die hier errechnete mittlere Korrelation von .28 spricht also für die Homogenität des Fragebogens. Die relativ hohe durchschnittliche Itemschwierigkeit von .66 zeigt, dass die Items im Mittel eher „leicht" sind, d.h. sie werden eher häufig in Schlüsselrichtung (= hohe Ausprägung von Achtsamkeit) beantwortet.

Die Trennschärfe weist daraufhin, wie gut das einzelne Item zwischen Personen mit niedrigem Gesamtscore und Personen mit hohen Werten auf der Skala differenziert. Im folgenden werden die fünf trennschärfsten Items und die fünf am wenigsten trennscharfen Items für den Erhebungszeitpunkt t1 dargestellt.

Die 5 Items mit der größten Trennschärfe:

Item 23 (.689): Ich nehme meine Gefühle wahr, ohne auf sie reagieren zu müssen.
Item 32 (.670): Ich erkenne, dass ich nicht mit meinen Gedanken identisch bin.
Item 3 (.664): Ich versuche in Kontakt zu sein mit dem, was gerade ist, hier und jetzt.
Item 10 (.660): Ich beobachte meine Gefühle, ohne mich in ihnen zu verlieren.
Item 27 (.651): Ich nehme unangenehme Erfahrungen an.

Die 5 Items mit der geringsten Trennschärfe:

Item 5 (.239): Ich erlebe starke, emotionale Schwankungen.
Item 13 (.278): Ich verurteile mich, wenn ich merke, dass ich bewerte.
Item 30 (.334): Ich fühle mich getrennt von meinem Körper.
Item 20 (.368): Ich nehme wahr, was in mir und um mich herum vorgeht.
Item 7 (.386): Ich interessiere mich für das, was in meinem Körper und Geist vor sich geht.

Tabelle 6 stellt die Ergebnisse der Reliabilitätsanalyse für den Erhebungszeitpunkt t2 dar.

Tabelle 6: Ergebnisse der Reliabilitätsanalyse der Vorform zu t2 (N=93): Deskriptive Itemkennwerte, Trennschärfekoeffizienten und Ausschlusskriterien

Item-Nr.	M	SD	p	TS	Alpha ohne Item	Ausschluss-Kriterium
1	3.24	.56	.81	.490	.9367	
2	2.92	.49	.73	.320	.9379	T
3	3.39	.55	.85	.524	.9364	
4	3.27	.57	.82	.374	.9376	T
5	2.77	.84	.69	.299	.9391	T
6	2.92	.63	.73	.514	.9365	
7	3.63	.48	.91	.371	.9375	T S
8	3.22	.61	.80	.581	.9359	
9	3.05	.65	.76	.602	.9357	
10	2.88	.66	.72	.594	.9358	
11	3.28	.56	.82	.599	.9359	
12	3.05	.71	.76	.492	.9367	
13	3.03	.74	.76	.481	.9369	
14	2.96	.64	.74	.501	.9366	
15	3.13	.47	.78	.504	.9367	
16	3.09	.55	.77	.494	.9367	
17	2.76	.67	.69	.683	.9349	
18	2.67	.63	.67	.502	.9366	
19	3.14	.50	.78	.543	.9364	
20	3.24	.55	.81	.412	.9373	

Fortsetzung Tabelle 6: Ergebnisse der Reliabilitätsanalyse der Vorform zu t2

Item-Nr.	M	SD	p	TS	Alpha Ohne Item	Ausschluss-Kriterium
21	2.89	.70	.72	.463	.9370	
22	3.12	.53	.78	.534	.9364	
23	2.84	.68	.71	.765	.9341	
24	3.00	.68	.75	.539	.9363	
25	2.97	.70	.74	.520	.9364	
26	3.23	.57	.81	.381	.9375	T
27	2.97	.65	.74	.641	.9353	
28	2.66	.63	.66	.600	.9357	
29	3.03	.56	.76	.605	.9358	
30	3.46	.67	.87	.447	.9371	
31	2.91	.69	.73	.696	.9348	
32	2.91	.79	.73	.504	.9367	
33	3.26	.61	.81	.541	.9363	
34	2.85	.68	.71	.602	.9357	
35	2.73	.70	.68	.485	.9368	
36	2.74	.64	.69	.574	.9359	
37	2.76	.79	.69	.454	.9372	
38	2.98	.68	.74	.557	.9361	

mitgeteilt werden: Mittelwert (M), Standardabweichung (SD), Schwierigkeitsindex (p) berechnet nach Bortz & Döring (1995, S. 199), part-whole korrigierter Trennschärfekoeffizient (TS), Cronbachs Alpha unter Ausschluss dieses Items und die Gründe, warum ein Item ausgeschlossen wurde (Ausschlusskriterium), wobei T = Trennschärfekoeffizient < .40, "S" = Schwierigkeitsindex > .80;
bei einer Antwortskalierung von 1 – 4, wobei der Wert 4 nach Umpolung bei allen Items der höchsten Ausprägung von Achtsamkeit entspricht.

Interne Konsistenzschätzung (Cronbachs Alpha): .94
Test-Homogenität (mittlere Item-Inter-Korrelation): .29 (Min.: -.04; Max.: .69)
Durchschnittliche Itemschwierigkeit: .76 (Min.: .66; Max.: .91)

Die Analyse der Skalenwerte zu Kursende (t2) zeigt ähnliche Werte wie zu Beginn des Kurses (t1). Der Reliabilitätskoeffizient ist mit .94 ebenfalls relativ hoch. Die mittlere Item-Inter-Korrelation von .29 bestätigt die Homogenität des Fragebogens. Der Schwierigkeitsindex ist im Vergleich zu t1 gestiegen.

Auch hier werden die fünf Items mit der größten und der geringsten Trennschärfe detailliert aufgelistet.

Die 5 Items mit der größten Trennschärfe:

Item 23 (.765): Ich nehme meine Gefühle wahr, ohne auf sie reagieren zu müssen.
Item 31 (.696): Ich bin mir selbst gegenüber freundlich, wenn Dinge schief laufen.
Item 17 (.683): Ich beobachte meine Gedanken, ohne mich mit ihnen zu identifizieren.
Item 27 (.641): Ich nehme unangenehme Erfahrungen an.
Item 29 (.605): Ich beobachte das Kommen und Gehen von Erfahrungen.

Die 5 Items mit der geringsten Trennschärfe:

Item 5 (.299): Ich erlebe starke, emotionale Schwankungen.
Item 2 (.320): Ich spüre Momente innerer Freude und Zufriedenheit ohne äußeren Anlass.
Item 7 (.371): Ich interessiere mich für das, was in meinem Körper und Geist vor sich geht.
Item 4 (.374): Ich bin mir meines Körpers bewusst.
Item 26 (.381): Ich bemerke viele kleine Dinge und Einzelheiten in der Welt, die mich umgibt.

4.2.1.2. Itemselektion und Itemrevision

Es wurden die Items in die Endform aufgenommen, die

- einen Trennschärfekoeffizienten von mindestens .40 und
- einen Schwierigkeitsindex von höchstens .80 für den Erhebungszeitpunkt t1 und höchstens .90 für t2 aufweisen (die Festlegung einer unteren Grenze erübrigt sich, da der minimale Wert bei einer Schwierigkeit von .55 und somit im mittleren Bereich liegt).

Die Kriterien für den Trennschärfekoeffizienten liegen hiermit aus inhaltlichen Gründen über den allgemeinen Mindestanforderungen von >.30.

Im allgemeinen ist ein Schwierigkeitsindex zwischen .20 und .80 erwünscht (Bortz & Döring, 1995). Da jedoch davon ausgegangen wurde, dass sich der Achtsamkeitsscore nach Kursende erhöht, wurde die obere Grenze des Schwierigkeitsindexes zu t2 auf .90 gesetzt.

Die Items Nr. 2, 4, 5, 7, 13, 20, 26 und 30 wurden demnach ausgeschlossen. Davon zeigten sich Item Nr. 5 und 7 zu beiden Erhebungszeitpunkten als ungenügend.

Die restlichen 30 Items wurden in die Endform des Fragebogens aufgenommen.

Bei der Überprüfung der Antwortverteilung fiel außerdem die geringe Spannbreite von Item Nr. 3 und 15 auf. Keine Person hatte zu t1 und t2 mit „fast nie" auf diese Items geantwortet. Da sie jedoch aufgrund ihres Aussagegehalts und ihrer inhaltlichen Validität wertvoll für den Fragebogen sind, können diese leichten Mängel durch eine Umformulierung ausgeglichen werden.

Item Nr. 3: Ich versuche in Kontakt zu sein mit dem was gerade ist, hier und jetzt.

Folgende Formulierung in Anlehnung an Mannschatz (1999) würde das Item erheblich schwieriger gestalten:

Ich bin in Kontakt mit meinen Erfahrungen, hier und jetzt.

Item Nr. 15: Ich erkenne einige Motive und Bedürfnisse, die meinen Handlungen zugrunde liegen.

Die Formulierung erscheint etwas missverständlich und einfach. Ein möglicher Änderungsvorschlag wäre:

Ich achte auf die Motive meiner Handlungen.

Die Endform des Fragebogens (30 Items) ist unter Berücksichtigung der Revision der oben genannten Items im Anhang D dargestellt.

4.2.2. Itemanalyse der Endform

Die folgenden Abbildungen 6 und 7 stellen die Verteilung der Gesamtsummenwerte von Achtsamkeit der Endform über die 30 Items dar.

Abbildung 6: Verteilung der Gesamtsummenwerte von Achtsamkeit der Endform zu t1 (N=100)

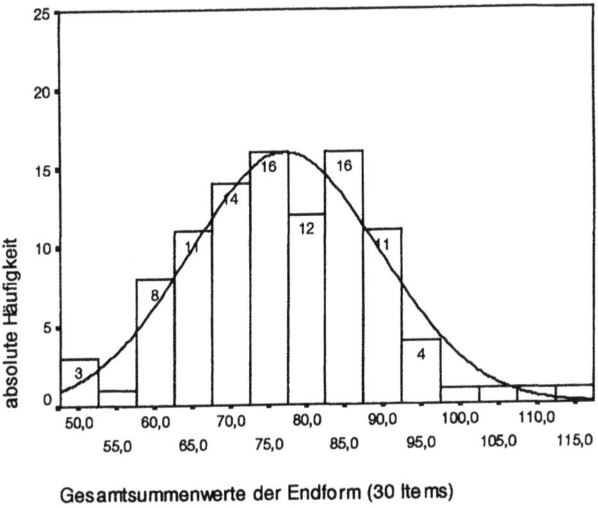

Abbildung 7: Verteilung der Gesamtsummenwerte von Achtsamkeit der Endform zu t2 (N=93)

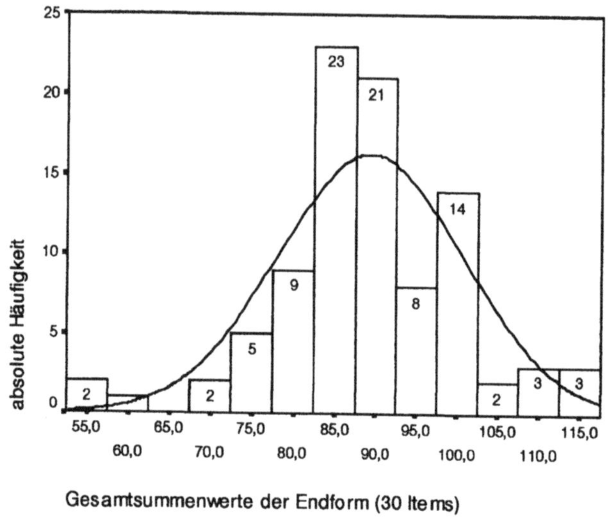

Die Tabelle 7 zeigt die statistischen Kennwerte der Verteilung der Gesamtsummenwerte der Endform sowohl für t1 als auch für t2.

Tabelle 7: Kennwerte der Verteilung der Gesamtsummenwerte von Achtsamkeit der Endform (30 Items) für die beiden Erhebungszeitpunkte t1 und t2

Gesamtsumme	**T1**	**t2**
Mittelwert:	77.12	89.40
Standardabweichung:	12.45	11.33
Erwarteter Range:	30 – 120	30 – 120
Tatsächlicher Range:	50 – 115	54 – 117
Schiefe:	.31	-.29
Kurtosis (Exzess):	.33	1.42

Die Verteilungsform der Rohdaten hat sich nach der Itemselektion nicht wesentlich geändert. Der Kolmogorov-Smirnov-Anpassungs Test akzeptiert mit einem Wert von Z= .68 (t1) und Z= .84 (t2) bei p= .75 (t1) und p= .49 (t2) die Nullhypothese, dass die beiden Verteilungen in der Grundgesamtheit normalverteilt sind.

Für die Verteilung der Gesamtsummenwerte der Endform wurden ebenfalls Boxplot-Diagramme erstellt (s. Abbildungen 8 und 9).

Abbildung 8: Boxplot-Diagramm der Verteilung der Gesamtsummenwerte von Achtsamkeit der Endform zu t1 (N=100)

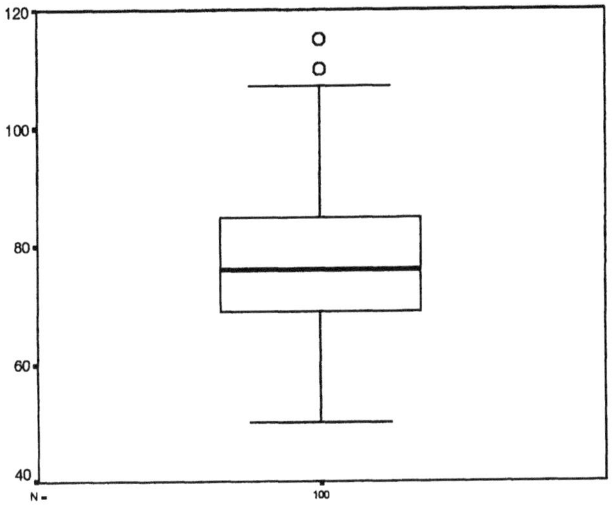

Abbildung 9: Boxplot-Diagramm der Verteilung der Gesamtsummenwerte von Achtsamkeit der Endform zu t2 (N=93)

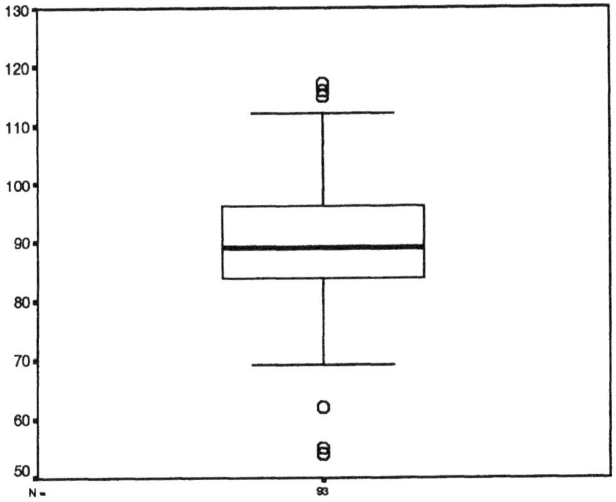

Die Verteilung der Gesamtsummenwerte der Endform zu t1 weist ebenfalls zwei Ausreißer in Form von sehr hohen Werten (110 und 115) auf. Zum Erhebungszeitpunkt t2 stellen jeweils drei niedrige Summenwerte 54, 55 und 62 sowie drei hohe Achtsamkeitsscores 115, 116 und 117 Ausreißer dar.

In der folgenden Tabelle 8 werden die Ergebnisse der Reliabilitätsanalyse der auf 30 Items gekürzten Endform zusammenfassend für die beiden Erhebungszeitpunkte dargestellt.

Tabelle 8: Zusammenfassende Ergebnisse der Reliabilitätsanalyse der Endform (30 Items) für t1 (N=100) und t2 (N=93)

Item-	t1				t2			
Nr.	M	SD	p	TS	M	SD	p	TS
1	2.53	.69	.63	.398	3.24	.56	.81	.493
3	2.80	.59	.70	.647	3.39	.55	.85	.504
6	2.47	.66	.62	.470	2.92	.63	.73	.493
8	2.75	.73	.69	.597	3.22	.61	.80	.597
9	2.71	.67	.68	.517	3.05	.65	.76	.598
10	2.44	.69	.61	.653	2.88	.66	.72	.573
11	2.53	.78	.63	.615	3.28	.56	.82	.582
12	2.60	.78	.65	.574	3.05	.71	.76	.516
14	2.61	.72	.65	.507	2.96	.64	.74	.509
15	2.98	.51	.75	.417	3.13	.47	.78	.513
16	2.79	.66	.70	.610	3.09	.55	.77	.488
17	2.27	.69	.57	.627	2.76	.67	.69	.683
18	2.26	.65	.57	.598	2.67	.63	.67	.507
19	2.69	.71	.67	.560	3.14	.50	.78	.536
21	2.85	.69	.71	.455	2.89	.70	.72	.437
22	2.96	.68	.74	.420	3.12	.53	.78	.529
23	2.29	.66	.57	.683	2.84	.68	.71	.767
24	2.60	.79	.65	.410	3.00	.68	.75	.533
25	2.37	.69	.59	.551	2.97	.70	.74	.516
27	2.65	.70	.66	.641	2.97	.65	.74	.652
28	2.26	.65	.57	.566	2.66	.63	.66	.600

Fortsetzung Tabelle 8: Reliabiltätsanalyse der Endform

Item-Nr.	t1				t2			
	M	SD	p	TS	M	SD	p	TS
29	2.56	.72	.64	.555	3.03	.56	.76	.616
31	2.56	.77	.64	.564	2.91	.69	.73	.698
32	2.49	.81	.62	.690	2.91	.79	.73	.507
33	2.81	.66	.70	.593	3.26	.61	.81	.548
34	2.49	.70	.62	.566	2.85	.68	.71	.591
35	2.36	.89	.59	.501	2.73	.70	.68	.489
36	2.21	.74	.55	.552	2.74	.64	.69	.580
37	2.51	.80	.63	.471	2.76	.79	.69	.449
38	2.72	.68	.68	.478	2.98	.68	.74	.577

mitgeteilt werden: Item-Nummer, Mittelwert (MD), Standardabweichung (SD), Schwierigkeitsindex (p) berechnet nach Bortz & Döring (1995, S. 199) und part-whole korrigierter Trennschärfekoeffizient (TS);
bei einer Antwortskalierung von 1 - 4, wobei der Wert 4 nach Umpolung bei allen Items der höchsten Ausprägung von Achtsamkeit entspricht.

	t1:	**t2:**
Interne Konsistenzschätzung (Cronbachs Alpha):	.93	.94
Test-Homogenität (mittlere Item-Inter-Korrelation:	.32	.33
Durchschnittliche Itemschwierigkeit:	.64	.74

Der Cronbach Alpha beträgt nun .93 bzw. .94 und ist damit im Vergleich zur Vorform leicht gesunken. Die Test-Homogenität ist auf respektiv .32 und .33 gestiegen. Die durchschnittliche Itemschwierigkeit ist mit .64 und .74 im Gegensatz zur Vorform leicht gesunken.
Die fünf Items mit der größten Trennschärfe der Endform für t1 und t2 sind gleich geblieben und haben sich lediglich in ihrer Rangfolge etwas geändert.

Die fünf Items mit der geringsten Trennschärfe der Endform zu t1:

Item 1 (.398): Ich beobachte meine Gedanken, wie sie kommen und gehen.
Item 24 (.410): Ich akzeptiere mich so wie ich bin.
Item 15 (.417): Ich erkenne einige Motive und Bedürfnisse, die meinen Handlungen zugrunde liegen.
Item 22 (.429): Ich sehe, wie ich mir selbst Leiden schaffe.
Item 21 (.455): Ich betrachte Dinge aus mehreren Perspektiven.

Die sechs Items mit der geringsten Trennschärfe zu t2:

Item 21 (.437): Ich betrachte Dinge aus mehreren Perspektiven.

Item 37 (.449):	Ich bin ungeduldig mit mir und meinen Mitmenschen.
Item 16 (.488):	Ich merke, dass ich nicht auf alles reagieren muss, was mir gerade in den Sinn kommt.
Item 35 (.489):	Ich wehre mich innerlich gegen unangenehme Gefühle.
Item 1 (.493):	Ich beobachte meine Gedanken, wie sie kommen und gehen.
Item 6 (.493):	Ich sehe meine Fehler und Schwierigkeiten, ohne mich zu verurteilen.

4.2.3. Überprüfung der Dimensionalität

4.2.3.1. Faktorenanalyse der Endform

Die Faktorenanalyse ist ein Verfahren zur Datenreduktion. In der Hauptkomponentenmethode (Principal Component Analysis) sollen die Korrelationen der Variablen durch möglichst wenige Faktoren erklärt werden. Ein Faktor fasst Variablen zusammen, die untereinander stark korrelieren und damit ähnliche Informationen enthalten.

Das Ziel der Faktorenanalyse ist den hohen Grad an Komplexität, der durch eine Vielzahl von Variablen abgebildet wird, zu verringern. Die verschiedenen sich ergebenden Gruppen – Faktoren – entsprechen unterschiedlichen Dimensionen, die im Gesamtergebnis enthalten sind und müssen im Anschluss interpretiert werden.

Prinzipiell ist es möglich, auf diese Weise mehrere Ordnungssysteme mit verschieden großer Faktorenzahl zu erhalten. Dasjenige Ordnungssystem, auf welches letztendlich die Entscheidung fällt, sollte einerseits bestimmte statistische Kriterien erfüllen, andererseits aber auch hinsichtlich der inhaltlichen Interpretation eine optimale Lösung darstellen.

Da das Konstrukt Achtsamkeit hinsichtlich seiner faktoriellen Struktur bisher noch nicht überprüft wurde, soll die Faktorenanalyse hier nicht hypothesentestend, sondern primär explorativ eingesetzt werden.

Im folgenden wird die Faktorenstruktur des FFA für die beiden Erhebungszeitpunkte t1 und t2 getrennt berechnet und auf Ein- oder Mehrdimensionalität geprüft.

Eine Voraussetzung für die Faktorenanalyse ist, dass die Variablen auch stark untereinander korrelieren. Der Bartlett-Test auf Sphärizität ergab für die Variablen zu t1 und zu t2 einen außerordentlich hohen Chi-Quadrat-Wert von respektiv 1518 und 1340 bei $p < .00$. Die Hypothese, dass alle Korrelationen zwischen den dreißig Variablen in der Grundgesamtheit gleich null sind, kann also eindeutig zurückgewiesen werden.

Das Maß der Stichprobeneignung („measure of sampling adequacy“) nach Kaiser–Meyer-Olkin ist dementsprechend mit .86 (t1) und .85 (t2) verdienstvoll („meritorious“).

Eine Orientierung zur Faktorextraktion bietet der Screeplot (Abbildung 10), der die Höhe und den Verlauf der Eigenwerte darstellt.

Abbildung 10: Screeplot zu t1 (N=100)

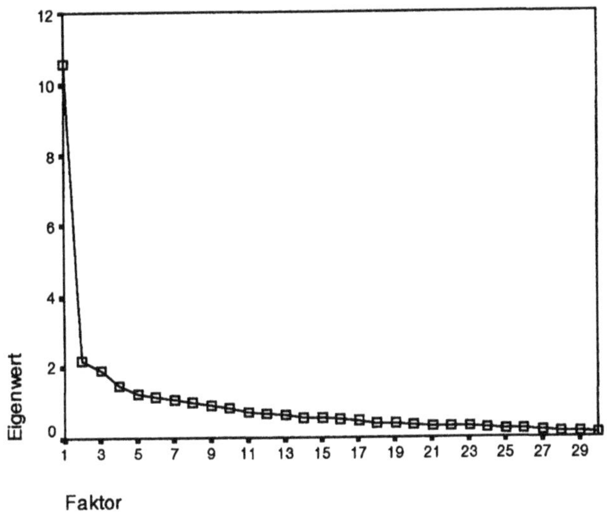

Eine 4-Faktoren-Lösung erscheint inhaltlich und statistisch am günstigsten.

Die Tabelle 10 zeigt die Item-Nr., das Statement, die Ladungen und die Kommunalität der 30 Items auf den 4 Faktoren nach anschließender Varimax-Rotation.

Die Varimax-Rotation dreht die Achsen des Koordinatensystems, indem die Faktorladungen dargestellt sind, orthogonal, so dass die Anzahl von Faktoren mit hoher Ladung minimiert wird. Dies erleichtert ihre Interpretation.

Die Kommunalität gibt an, welchen Betrag der Streuung einer Variablen durch die vier Faktoren erklärt wird. Da die Werte der Variablen in Z-Werte transformiert wurden, hat jede Variable eine Standardabweichung von 1. Die Kommunalität einer Variablen von 1 wird genau dann erreicht, wenn die Streuung einer Variablen restlos durch die Faktoren erklärt wird.

Die Ladungen der Items auf den Faktoren sind nach absteigender Rangfolge geordnet; Nebenladungen auf den weiteren Faktoren sind durch Klammern gekennzeichnet.

Die extrahierten vier Faktoren Gegenwärtige, nicht-identifizierte Aufmerksamkeit, Akzeptierende, nicht-urteilende Haltung, Ganzheitliches Annehmen und Prozesshaftes, einsichtsvolles Verstehen erklären 53.9 % der Gesamtvarianz.

Tabelle 10: Vierfaktorielle Hauptkomponentenanalyse mit anschließender Varimax-Rotation zum Erhebungszeitpunkt t1 (N=100)

Item Nr.	Statement	I	II	III	IV	h2
Faktor I: Gegenwärtige, nicht-identifizierte Aufmerksamkeit						
11.	Wenn ich merke, dass ich abwesend war, kehre ich sanft zur Erfahrung des Augenblicks zurück.	**.73**				.61
28.	Ich lasse mich von meinen Gedanken und Gefühlen leicht wegtragen.	**.71**	(.31)			.67
18.	Ich verliere mich im Inhalt meiner Gedanken.	**.70**				.56
10.	Ich beobachte meine Gefühle, ohne mich in ihnen zu verlieren.	**.66**				.56
23.	Ich nehme meine Gefühle wahr, ohne auf sie reagieren zu müssen.	**.62**			(.36)	.59
17.	Ich beobachte meine Gedanken, ohne mich mit ihnen zu identifizieren.	**.62**				.53
3.	Ich versuche in Kontakt zu sein mit dem, was gerade ist, hier und jetzt.	**.58**	(.36)			.54
1.	Ich beobachte meine Gedanken, wie sie kommen und gehen.	**.57**				.37
32.	Ich erkenne, dass ich nicht mit meinen Gedanken identisch bin.	**.57**		(.41)	(.44)	.68
25.	Ich spüre in meinen Körper hinein, sei es beim Essen, Kochen, Putzen, Reden.	**.52**				.40
12.	Ich nehme wahr, wie sich meine Gefühle im Körper ausdrücken.	**.49**		(.40)		.47
34.	In schwierigen Situationen kann ich innehalten.	**.39**	(.33)		(.34)	.40
Faktor II: Akzeptierende, nicht-urteilende Haltung						
24.	Ich akzeptiere mich so wie ich bin.		**.80**			.67
31.	Ich bin mir selbst gegenüber freundlich, wenn Dinge schief laufen.		**.79**			.73
9.	Ich kann mich selbst wertschätzen.		**.70**			.55

Fortsetzung Tabelle 10: Vierfaktorielle Hauptkomponentenanalyse

Item Nr.	Statement	I	II	III	IV	h2
38.	Ich kann darüber lächeln, wenn ich sehe, wie ich mir manchmal das Leben schwer mache.		**.55**	(.30)	(.39)	.55
6.	Ich sehe meine Fehler und Schwierigkeiten, ohne mich zu verurteilen.	(.33)	**.54**			.50
33.	Ich bin offen für die Erfahrung des Augenblicks.		**.50**		(.43)	.52
37.	Ich bin ungeduldig mit mir und meinen Mitmenschen.	(.44)	**.45**			.42
Faktor III: Ganzheitliches Annehmen						
8.	Ich spüre auch in unangenehme Empfindungen hinein.			**.76**		.69
14.	Ich bleibe mit unangenehmen, schmerzhaften Empfindungen und Gefühlen in Kontakt.			**.75**		.66
22.	Ich sehe, wie ich mir selbst Leiden schaffe.			**.65**	(.42)	.61
15.	Ich erkenne einige Motive und Bedürfnisse, die meinen Handlungen zugrunde liegen.			**.53**		.43
35.	Ich wehre mich innerlich gegen unangenehme Gefühle.		(.38)	**.44**		.40
27.	Ich nehme unangenehme Erfahrungen an.		(.34)	**.42**	(.36)	.50
36.	Ich erlebe Momente innerer Ruhe und Gelassenheit, selbst wenn äußerlich Schmerzen und Unruhe da sind.	(.32)	(.31)	**.38**		.37
Faktor IV: Prozesshaftes, einsichtsvolles Verstehen						
21.	Ich betrachte Dinge aus mehreren Perspektiven.				**.77**	.63
16.	Ich merke, dass ich nicht auf alles reagieren muss, was mir gerade in den Sinn kommt.				**.60**	.56

Fortsetzung Tabelle 10: Vierfaktorielle Hauptkomponentenanalyse

Item Nr.	Statement	I	II	III	IV	h2
19.	Ich bin mir der Flüchtigkeit und Vergänglichkeit meiner Erfahrungen bewusst.	(.45)			**.56**	.53
29.	Ich beobachte das Kommen und Gehen von Erfahrungen.	(.41)			**.50**	.47
Erklärte Varianz in % (insges.: 53.9 %)		35.2	7.3	6.4	5.0	

Die Rotation ist in 7 Iterationen konvergiert.
mitgeteilt werden: Itemnummer des Fragebogens; Statement; Ladungen auf den Faktoten I -- IV, wobei zur besseren Übersicht nur Nebenladungen ab .30 aufgeführt werden; Kommunalität (h2).

Faktor I beschreibt das zentrale Merkmal von Achtsamkeit: eine **gegenwärtige, nicht-identifizierte Aufmerksamkeit** bzw. eine direkte und unmittelbare Teilhabe an der Erfahrung des Momentes. Die Items beschreiben das direkte In-Kontakt-Sein mit der Erfahrung (Nr. 3, 11). Weiterhin kommt die Qualität dieses Kontaktes zum Ausdruck, nämlich ohne sich in seinen Gedanken und Gefühlen zu verlieren (Nr. 1, 10, 18, 28) oder sich mit ihnen zu identifizieren (Nr. 17, 32). Die auf den Körper gerichtete Achtsamkeit hilft, sich in der gegenwärtigen Erfahrung zu verankern (Nr. 25) und unterstützt die Nicht-Identifikation mit Gefühlen (Nr. 12). Zwei Statements beschreiben die Folgen dieser gegenwärtigen, nicht-identifizierten Aufmerksamkeit: innehalten zu können (Nr. 34) und nicht ständig reagieren zu müssen (Nr. 23). Der erste Faktor erklärt 35.2% der Gesamtvarianz. Die interne Konsistenz (Cronbach-Alpha) liegt bei .90.

In den Statements des **zweiten Faktors** kommt eine **akzeptierende, nicht-urteilende Haltung** zum Ausdruck. Sie ist bedingungslos, d.h. sie besteht auch angesichts der eigenen Schwierigkeiten und Fehler (Item 6) oder wenn Dinge schief laufen (Item 31). Die Items beschreiben einerseits Selbstwertschätzung und -akzeptanz (Nr. 9, 24) andererseits Geduld und Offenheit in Bezug auf die eigene Erfahrung und die Mitmenschen (Nr. 33, 37). Diese akzeptierende und nicht-urteilende, innere Haltung ermöglicht es, den eigenen Beitrag zum persönlichen Leiden mit liebevoller Gelassenheit und Humor betrachten zu können (Nr. 38). Mit diesem zweiten Faktor werden 7.3% der Varianz erklärt. Er zeigt eine interne Konsistenz von .82.

Die Items des **dritten Faktors** beschreiben ein **ganzheitliches Annehmen** von Erfahrungen. Dies zeigt sich einerseits durch das Hineinspüren-In und Sich-Nicht-Wehren-Gegen schmerzhafte und unangenehme Gefühle und Empfindungen (Nr. 8, 35), als auch durch das In-Kontakt-Bleiben mit diesen Erfahrungen (Nr. 14). Dadurch kann wieder innere Ruhe und Gelassenheit entstehen

(Nr. 36). Die Statements Nr. 15 und 22 könnten diesbezüglich auf die für das Annehmen erforderliche Erkenntnis hinweisen. Denn häufig schafft die Motivation, Schmerz zu vermeiden - durch das Anhaften an angenehmen und die Aversion gegenüber unangenehmen Erfahrungen - zusätzliches Leiden. Faktor III klärt 6.4% der Varianz auf und die interne Konsistenz liegt bei .81.

Faktor IV zielt auf ein durch Achtsamkeit begründetes **prozesshaftes, einsichtsvolles Verstehen** ab. Die direkte Erkenntnis des ständigen Wandels von Gedanken, Gefühlen und Empfindungen (Nr. 19, 29) kann die persönliche Erfahrung relativieren und dadurch die eigene Perspektive erweitern (Nr. 21). Durch die unmittelbare Wahrnehmung der Vergänglichkeit aller Erfahrungen nimmt auch der Drang, auf jeden Reiz reagieren zu müssen, ab (Nr. 16). Dieser Faktor erklärt 5.0% der Varianz. Seine interne Konsistenz beträgt .76.

Im folgenden werden die Ergebnisse der faktoriellen Überprüfung der Endform zum Erhebungszeitpunkt t2 dargestellt.
Abbildung 11 zeigt den Verlauf der Eigenwerte über die 30 Items zu t2.

Abbildung 11: Screeplot zu t2 (N=93)

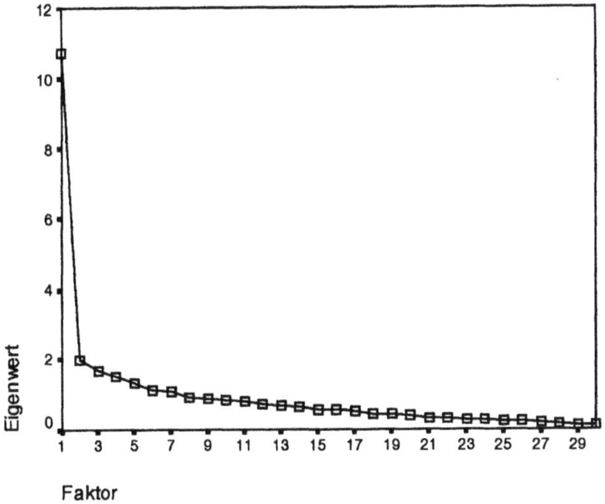

Auch zum Erhebungszeitpunkt t2 erscheint eine vierfaktorielle Struktur inhaltlich und statistisch günstig.
Die Tabelle 12 auf der folgenden Seite gibt die Ladungen und die Kommunalität der 30 Items der Endform auf den vier Faktoren zum Messzeitpunkt t2 wieder.

Tabelle 12: Vierfaktorielle Hauptkomponentenanalyse mit anschließender Varimax-Rotation zum Erhebungszeitpunkt t2 (N=93)

Item Nr.	Statement	I	II	III	IV	h2
	Faktor I: Ganzheitliche, nicht-identifizierte Aufmerksamkeit					
8.	Ich spüre auch in unangenehme Empfindungen hinein.	**.70**				.58
14.	Ich bleibe mit unangenehmen, schmerzhaften Empfindungen und Gefühlen in Kontakt.	**.67**				.54
3.	Ich versuche in Kontakt zu sein mit dem, was gerade ist, hier und jetzt.	**.65**				.50
29.	Ich beobachte das Kommen und Gehen von Erfahrungen.	**.63**				.52
11.	Wenn ich merke, dass ich abwesend war, kehre ich sanft zur Erfahrung des Augenblicks zurück.	**.62**				.51
16.	Ich merke, dass ich nicht auf alles reagieren muss, was mir gerade in den Sinn kommt.	**.56**				.39
22.	Ich sehe, wie ich mir selbst Leiden schaffe.	**.55**		(.53)		.60
23.	Ich nehme meine Gefühle wahr, ohne auf sie reagieren zu müssen.	**.52**	(.41)		(.49)	.70
17.	Ich beobachte meine Gedanken, ohne mich mit ihnen zu identifizieren.	**.49**		(.33)	(.40)	.56
25.	Ich spüre in meinen Körper hinein, sei es beim Essen, Kochen, Putzen, Reden.	**.48**		(.31)		.39
32.	Ich erkenne, dass ich nicht mit meinen Gedanken identisch bin.	**.46**				.34
33.	Ich bin offen für die Erfahrung des Augenblicks.	**.40**	(.39)			.39
	Faktor II: Akzeptierende, neutrale Haltung					
24.	Ich akzeptiere mich so wie ich bin.		**.79**			.68
9.	Ich kann mich selbst wertschätzen.		**.77**			.67

Fortsetzung Tabelle 12: Vierfaktorielle Hauptkomponentenanalyse zu t2

Item Nr.	Statement	I	II	III	IV	h2
Faktor II: Akzeptierende, neutrale Haltung						
31.	Ich bin mir selbst gegenüber freundlich, wenn Dinge schief laufen.	(.40)	**.71**			.69
27.	Ich nehme unangenehme Erfahrungen an.	(.37)	**.57**	(.34)		.58
37.	Ich bin ungeduldig mit mir und meinen Mitmenschen.	(.42)	**.54**			.55
6.	Ich sehe meine Fehler und Schwierigkeiten, ohne mich zu verurteilen.		**.52**			.40
19.	Ich bin mir der Flüchtigkeit und Vergänglichkeit meiner Erfahrungen bewusst.	(.38)	**.52**			.44
35.	Ich wehre mich innerlich gegen unangenehme Gefühle.		**.45**		(.41)	.40
34.	In schwierigen Situationen kann ich innehalten.	(.36)	**.42**			.40
Faktor III: Prozesshaftes Verstehen						
21.	Ich betrachte Dinge aus mehreren Perspektiven.		(.35)	**.73**		.66
15.	Ich erkenne einige Motive und Bedürfnisse, die meinen Handlungen zugrunde liegen.			**.65**		.53
1.	Ich beobachte meine Gedanken, wie sie kommen und gehen.	(.33)		**.59**		.51
38.	Ich kann darüber lächeln, wenn ich sehe, wie ich mir manchmal das Leben schwer mache.	(.31)	(.41)	**.48**		.49
12.	Ich nehme wahr, wie sich meine Gefühle im Körper ausdrücken.			**.46**	(.40)	.43
36.	Ich erlebe Momente innerer Ruhe und Gelassenheit, selbst wenn äußerlich Schmerzen und Unruhe da sind.		(.35)	**.39**		.41

Fortsetzung Tabelle 12: Vierfaktorielle Hauptkomponentenanalyse zu t2

Item Nr.	Statement	I	II	III	IV	h2
	Faktor IV: Gegenwärtigkeit					
18.	Ich verliere mich im Inhalt meiner Gedanken.				**.80**	.70
28.	Ich lasse mich von meinen Gedanken und Gefühlen leicht wegtragen.		(.31)		**.77**	.73
10.	Ich beobachte meine Gefühle, ohne mich in ihnen zu verlieren.		(.31)		**.66**	.62
	Erklärte Varianz in % (insges.: 53.0 %)	35.8	6.6	5.5	5.1	

Die Rotation ist in 12 Iterationen konvergiert.

mitgeteilt werden: Itemnummer des Fragebogens; Statement; Ladungen auf den Faktoten I - IV, wobei zur besseren Übersicht nur Nebenladungen ab .30 aufgeführt werden; Kommunalität (h2).

Die vier Faktoren erklären zusammen 53% der Gesamtvarianz.

Der **erste Faktor** beschreibt eine **ganzheitliche, nicht-identifizierte Aufmerksamkeit**. Dabei geht es in den Items dieses Faktors vor allem um den Kontakt mit unangenehmen und schmerzhaften Erfahrungen (Nr. 8, 14). Durch die Offenheit und Aufmerksamkeit für den gegenwärtigen Augenblick (Nr. 3, 11, 25, 33) und das Beobachten der Vergänglichkeit der Erfahrungen (Nr. 29) vermindert sich die Identifikation mit auftretenden Gedanken (Nr. 17, 32). Die Folge davon ist eine abnehmende Reaktivität (Nr. 16, 23). Das Bewusstsein darüber, wie man sich selbst Leiden schafft (Nr. 22), kann eine zusätzliche Öffnung für den Moment bewirken. Der erste Faktor erklärt 35.8% der Gesamtvarianz. Seine interne Konsistenz beträgt .88.

Ähnlich wie zum Erhebungszeitpunkt t1 kommt in den Statements des **zweiten Faktors** eine **akzeptierende, neutrale Haltung** zum Ausdruck, die auf Selbstakzeptanz (Nr. 24), Wertschätzung (Nr. 9), bedingungsloser Freundlichkeit (Nr. 31) und Geduld (Nr. 37) beruht. Hinzu kommen zwei Statements, die auf das Annehmen von unangenehmen Erfahrungen und Gefühlen gerichtet sind (Nr. 27, 35). Das Bewusstsein der Vergänglichkeit (Nr. 19) kann das Annehmen und Innehalten-Können (Nr. 34) fördern. Mit dem zweiten Faktor werden 6.6% der Varianz aufgeklärt. Cronbachs Alpha beträgt .85.

Die zentralen Inhalte des **dritten Faktors** beziehen sich auf ein **prozesshaftes Verstehen,** bei dem mehr der Prozess von Erfahrungen (Nr. 1, 15) und weniger ihr spezifischer Inhalt eine Rolle spielt. Das Wahrnehmen der Gefühle anhand von Körperempfindungen ermöglicht eine innere Distanzierung von ihrem Inhalt

(Nr. 25). Ein erweiterter Blickwinkel (Nr. 21), eine von äußeren Zuständen unabhängige Gelassenheit (Nr. 36) sowie Humor und Leichtigkeit (Nr. 38) sind die direkten Folgen dieses prozesshaften Verstehens. 5.5% der Varianz werden mit diesem Faktor erklärt. Seine interne Konsistenz liegt bei .77.

In den drei Statements des **vierten Faktors** kommt deutlich eine unmittelbare **Gegenwärtigkeit** zum Ausdruck, die sich nicht in Gedanken und Gefühlen verliert (Nr. 10, 18) oder sich von ihnen wegtragen lässt (Nr. 28). Dieser Faktor erklärt 5.1% der Varianz und zeigt eine interne Konsistenz von .79.

Es wurden zusätzlich noch schiefwinklige (oblique) Rotationen für die beiden Messzeitpunkte berechnet, bei denen die Annahme, dass die Faktoren nicht miteinander korrelieren dürfen, aufgegeben wird. In diesem Fall brachte die oblique Rotation keine neuen Erkenntnisse über die Faktorenstruktur. Die Reihenfolge der den Faktoren zugeordneten Variablen hat sich geringfügig verändert; die Faktorenstruktur ist jedoch nahezu gleich geblieben. Die SPSS-Ausdrucke der schiefwinkligen Rotationen sind im Anhang C dargestellt.

Die Ergebnisse der Faktorenanalyse des Fragebogens zur Achtsamkeit weisen auf eine Instabilität der faktoriellen Struktur über die beiden Erhebungszeitpunkte hinweg hin. Inhaltlich ähneln sich die gefundenen Faktoren im wesentlichen, insbesondere Faktor II, doch die Ladungen der Variablen auf den jeweiligen Faktoren zu t1 und zu t2 variieren. Die hohen Zweit- und Drittladungen der Variablen erschweren eine festgelegte Interpretation der Faktoren, zeigen aber auch gleichzeitig die wechselseitige Bedingtheit der Merkmale von Achtsamkeit untereinander. Insgesamt sprechen die Ergebnisse der Faktorenanalyse für die Homogenität des Fragebogens und das Vorhandenseins eines Generalfaktors.

Die Ergebnisse der Hauptkomponentenanalyse für die beiden Erhebungszeitpunkte werden in Kapitel 5 diskutiert.

4.2.4. Statistischer Vergleich der Achtsamkeitssummenwerte zu t1 und t2

Zur Überprüfung der ersten Fragestellung, die auch Aufschlüsse über die inhaltliche Validität des Fragebogens gibt, wurde ein Wilcoxon Vorzeichen-Rangtest für die Achtsamkeitssummenwerte zu t1 und t2 berechnet.

Fragestellung 1:
Besteht ein Unterschied zwischen den Achtsamkeitssummenwerten zu Kursbeginn und zu Kursende?

Es ergibt sich ein hochsignifikanter Unterschiedseffekt ($p < .00$) mit $Z = -6.99$. Dies zeigt, dass der Achtsamkeitsscore zu t2 im Gegensatz zu t1 signifikant gestiegen ist.

4.3. Ergebnisse zu den inhaltlichen Fragestellungen

Die folgenden Fragestellungen wurden anhand einer Varianzanalyse (Einfaktorielle Anova) berechnet.

Fragestellung 2:

Besteht ein Zusammenhang zwischen Übungshäufigkeit der Vipassana-Meditation vor Kursteilnahme und Achtsamkeitsscore zum Prä-Messzeitpunkt (t1)?

Tabelle 13: Deskriptive Kennwerte des Achtsamkeitsscores zu t1 getrennt nach Übungshäufigkeit

Übungshäufigkeit	N	M	SD
mehrmals täglich	8	87.88	11.23
täglich	32	79.81	11.23
2-3mal die Woche	36	74.08	12.90
jede Woche	6	73.50	10.27
keine Praxis	8	77.50	15.11

mitgeteilt werden: Anzahl der Personen (N), Mittelwert (M) und Standardabweichung (SD)

Es bestehen signifikante Unterschiede ($p < .05$) zwischen den Gruppen. Die Mittelwerte der Personen, die mehrmals täglich üben, liegen mehr als eine Standardabweichung höher als die Mittelwerte von Probandinnen und Probandinnen mit einer Übungshäufigkeit von einmal pro Woche.

Fragestellung 3:

Besteht ein Zusammenhang zwischen Kurslänge und Achtsamkeitsscore zu Ende des Kurses?

Es wurde erwartet, dass der Achtsamkeitsscore zu t2 mit der Kurslänge ansteigt. Hier zeigen sich keine signifikanten Mittelwertsunterschiede zwischen den Gruppen ($p = .55$).

Fragestellung 4:

Besteht ein Zusammenhang zwischen Angaben zur Konfession und Dauer der bisherigen Vipassana-Meditationspraxis?

Tabelle 14: Dauer der bisherigen Meditationspraxis getrennt nach Konfession

Konfession	N	M	SD
evangelisch	19	2.76	3.05
katholisch	18	4.48	4.39
buddhistisch	15	9.73	7.00
keine Konfession	40	5.05	4.53

mitgeteilt werden: Anzahl der Personen (N), Mittelwert (M) und Standardabweichung (SD)

Es zeigt sich, dass die Mittelwerte der Meditationsdauer je nach Konfession variieren und signifikante Unterschiede ($p < .00$) bestehen. Vor allem die Mittelwerte von Personen, die sich als buddhistisch bezeichnen, erweisen sich als besonders hoch.

Die Ergebnisse der inhaltlichen Fragestellungen werden ebenfalls in Kap. 5. diskutiert.

4.3. Ergebnisse zu den inhaltlichen Fragestellungen

Die folgenden Fragestellungen wurden anhand einer Varianzanalyse (Einfaktorielle Anova) berechnet.

Fragestellung 2:

Besteht ein Zusammenhang zwischen Übungshäufigkeit der Vipassana-Meditation vor Kursteilnahme und Achtsamkeitsscore zum Prä-Messzeitpunkt (t1)?

Tabelle 13: Deskriptive Kennwerte des Achtsamkeitsscores zu t1 getrennt nach Übungshäufigkeit

Übungshäufigkeit	N	M	SD
mehrmals täglich	8	87.88	11.23
täglich	32	79.81	11.23
2-3mal die Woche	36	74.08	12.90
jede Woche	6	73.50	10.27
keine Praxis	8	77.50	15.11

mitgeteilt werden: Anzahl der Personen (N), Mittelwert (M) und Standardabweichung (SD)

Es bestehen signifikanten Unterschiede (p= .043) zwischen den Gruppen. Die Mittelwerte der Personen, die mehrmals täglich üben, liegen mehr als eine Standardabweichung höher als die Mittelwerte von Probandinnen und Probandinnen mit einer Übungshäufigkeit von 1mal pro Woche.

Fragestellung 3:

Besteht ein Zusammenhang zwischen Kurslänge und Achtsamkeitsscore zu Ende des Kurses?

Es wurde erwartet, dass der Achtsamkeitsscore zu t2 mit der Kurslänge ansteigt. Hier zeigen sich keine signifikanten Mittelwertsunterschiede zwischen den Gruppen (p= .552).

Fragestellung 4:

Besteht ein Zusammenhang zwischen Angaben zur Konfession und Dauer der bisherigen Vipassana-Meditationspraxis?

Tabelle 14: Dauer der bisherigen Meditationspraxis getrennt nach Konfession

Konfession	N	M	SD
evangelisch	19	2.76	3.05
katholisch	18	4.48	4.39
buddhistisch	15	9.73	7.00
keine Konfession	40	5.05	4.53

mitgeteilt werden: Anzahl der Personen (N), Mittelwert (M) und Standardabweichung (SD)

5. DISKUSSION

> We judge, we evaluate, we compare, we deny or accept, but we never observe actually „what is“, and for most people this seems to be the most difficult thing to do; yet this alone is the beginning of self-knowledge. If one is able to see oneself as one is in this extraordinary mirror of relationship which does not distort, if one can just look into this mirror with full attention and see actually „what is“, be aware of it without condemnation, without judgement, without evaluation – and one does this when there is earnest interest – then one will find that the mind is capable of freeing itself from all conditioning.
> *Krishnamurti*

In diesem Kapitel werden zu Beginn die methodischen und inhaltlichen Aspekte der Entwicklung des Fragebogens diskutiert (Kap. 5.1.). Daraufhin wird der „Freiburger Fragebogen zur Achtsamkeit“ (FFA) hinsichtlich seiner psychometrischen Gütekriterien zusammenfassend beurteilt (Kap. 5.2.). Abschließend werden die Perspektiven für die weitere Forschung dargestellt (Kap. 5.3.).

5.1. Diskussion methodischer und inhaltlicher Aspekte

5.1.1. Vor- und Nachteile standardisierter Selbstbeurteilungsverfahren

Selbstbeurteilungsfragebögen sind zum einen sehr subjektive Verfahren. Durch die persönliche Interpretation der vorgegebenen Statements des Befragten geben sie Aufschluß über die Selbstbilder und -konzepte der betreffenden Personen (Mummendey, 1987).

Fragebögen geben ebenfalls eher Auskunft über Vorstellungen, Einstellungen und Meinungen der Befragten als über ihr tatsächliches Verhalten (Fisseni, 1990).

Aufgrund der Selbstdarstellung des Probanden besteht außerdem die Gefahr von sogenannten Verfälschungstendenzen. Soziale Erwünschtheit, Simulations- und Dissimulationstendenzen und verschiedene ‚response sets' wie Akqiueszenz, Nein-Sage-Tendenz, Tendenz zur Mitte und Halo-Effekt können die zuverlässige Interpretation der Ergebnisse einschränken.

Andererseits gilt, dass die zu erfassenden Merkmale und Phänomene oft gar nicht von außen beobachtbar sind (Amelang & Zielinski, 1997). Durch die Distanzierung vom persönlichen Eindruck des Untersuchers und die oft standardisierte Instruktion, Durchführung und Auswertung gewährleisten Selbstbeurteilungsfragebögen außerdem eine maximale Objektivität (Fisseni, 1990). Die psychometrische Konstruktion und die Quantifizierung des Merkmals anhand von Fragebögen ermöglicht weiterhin Vergleiche und Abbildungen der Intra- und Inter-Merkmalsstruktur.

Zusammenfassend sei darauf hingewiesen, dass standardisierte Selbstbeurteilungsfragebögen ökonomische und nützliche Verfahren darstellen, die zur Erfassung von Persönlichkeitsmerkmalen breite Verwendung finden. Ihre Nachteile lassen sich durch Konstruktion und multimodale Vergabe weitgehend umgehen. Die Gefahr besteht hauptsächlich in ihrer Verwendung als alleiniges Diagnoseinstrument.

5.1.2. Zur Stichprobe

Grundlage für die Fragebogenkonstruktion bildete eine sogenannte Eichstichprobe.

Insgesamt haben mehr Frauen (68.7%) als Männer (31.3%) an der Untersuchung teilgenommen. Die Frauen waren jedoch auch in der Grundpopulation vermehrt vertreten; Kurs II war nur für Frauen ausgeschrieben.

Die gemischte Religions- bzw. Konfessionszugehörigkeit unterstützt die Aussage, dass die Vipassana-Praxis kultur- bzw. religionsneutral ist (vgl. Kabat-Zinn, 1996). 38% der Gesamtstichprobe (N=115) gaben an keiner bestimmten

Konfession anzugehören. 3.3% bzw. 1.5% bezeichneten sich als buddhistisch *und* evangelisch bzw. katholisch. Buddhistische, katholische und evangelische Kursteilnehmerinnen und Kursteilnehmer sind fast gleich verteilt; jeweils zu ca. 20%. Dies zeigt, dass die Achtsamkeitsübung nicht an einen bestimmten buddhistischen oder religiösen Hintergrund geknüpft ist.

Aus diesem Grunde entstand auch die scheinbar paradoxe Kombination von „keine Konfession“ und „praktizierend“, die insgesamt 25.3% der Probandinnen und Probanden wählten. Für weitere Untersuchungen wäre es notwendig, zwischen dem aktiven Ausüben einer bestimmten Konfession und der formalen Meditationspraxis zu differenzieren.

Insgesamt erscheint es sinnvoll, buddhistisch nicht als Kategorie einer Konfession, sondern als eine Orientierung oder ein Interesse für die buddhistische Weltsicht oder die Inhalte der Lehre des Buddha abzufragen (Sylvia Wetzel, persönliche Mitteilung vom 28.8.1999).

Die Auswertung zeigt im Einklang mit den Ergebnissen von Shapiro (1992), dass langjährige Meditierende eher buddhistisch ankreuzen und ihre anderen Konfessionen aufgeben. Je länger eine Person innerhalb einer bestimmten Tradition meditiert, um so eher identifiziert sie sich als Teil dieser Tradition.

5.1.3. Zum Forschungsdesign

Dieses Prä-Post-Design mit „einer Intervention in der Mitte“ wurde gewählt, da davon ausgegangen wird, dass „per Definition” während dieser Kurse Achtsamkeit entwickelt wird und daraufhin zum Postzeitpunkt erhöhte Achtsamkeitswerte erzielt werden.

Da es noch um keine Verlaufsdiagnostik, sondern hauptsächlich um die Konstruktion des Fragebogens geht, ermöglicht ein solches Forschungsdesign Rückschlüsse zur Validität des Fragebogens zu ziehen.

5.2. Zusammenfassende Beurteilung des „Freiburger Fragebogens zur Achtsamkeit“ (FFA)

5.2.1. Reliabilität

Die interne Konsistenz (Cronbach Alpha) ist mit einem Reliabilitätskoeffizienten von respektiv .93 (t1) und .94 (t2) sowohl für t1 als auch für t2 vergleichsweise hoch.

Die hinreichende Streuung der Testpunkteverteilung spricht auch für eine gute Differenzierungsleistung des Fragebogens.

Ein Trennschärfekoeffizient zwischen 0.3 und 0.5 wird als mittelmäßig, größer als 0.5 als hoch bezeichnet (Weise, 1975, S. 219). Zu t1 und zu t2 weisen 8 bzw.

6 Items einen mittelmäßigen und 22 bzw. 24 der insgesamt 30 Items einen hohen Trennschärfekoeffizienten auf.

Es zeigt sich, dass u.a. durch die Itemselektion bedingt, nur eine geringe Anzahl von negativ-gepolten Items in der Skala vertreten ist. Es erscheint in diesem Zusammenhang notwendig, einzelne Items in ihre negative Form zu bringen.

5.2.2. Validität

Die inhaltliche Validität wurde durch die Einschätzung der Items von der Expertengruppe sichergestellt.

Die signifikanten Mittelwertsunterschiede der Achtsamkeitssummenwerte zu Kursbeginn und zu Kursende deuten auf die Validität des Konstrukts hin, zumal Achtsamkeit die unmittelbar abhängige Variable der Vipassana-Meditation darstellt.

Diesbezüglich lassen sich auch positive Einflüsse der bisherigen Vipassana-Meditationspraxis auf den Achtsamkeitswert zum Erhebungszeitpunkt t1 ableiten.

Die Operationalisierung der Vipassana-Praxis birgt jedoch auch einige Schwierigkeiten in sich. Ein Problem bei der Erfassung der Achtsamkeitspraxis besteht darin, dass die Praxis im Alltag sich nicht quantitativ angeben läßt. Im Theorieteil wurde jedoch auf die Wichtigkeit sowohl formaler als auch informaler Praxis hingewiesen. Andererseits erscheint die Dualität von Praxis im Alltag und formaler Meditation an sich schon redundant, denn der Sinn der Meditation per se besteht darin, dass sie sich im Alltag auswirkt und das ganze Leben umfaßt.

23% der Stichprobe kreuzten als Antwort auf die bisherige Übungshäufigkeit vor Kursteilnahme die Spalte „sonstiges" an. Teilweise gaben sie als Erklärung dafür an, dass sie unregelmäßig praktizierten. Für die Erfassung der unabhängigen Variable der Vipassana-Meditation erscheint es im Nachhinein sinnvoll, die Regelmäßigkeit der Praxis zu erfragen. Weitere differenzierende Möglichkeiten der Operationalisierung von Meditation sind Fragen nach Häufigkeit der Teilnahme an bisherigen Vipassana-Kursen und Praxis von anderen Meditationsformen (z.B. Zen, tibetisch-buddhistisch, Freistil, Yoga, TM, christlich, sonstige) (Sylvia Wetzel, persönliche Mitteilung vom 28.8.1999).

Ein Faktor, der mit einer erhöhten Ausprägung von Achtsamkeit zum Messzeitpunkt t2 einher gehen sollte, ist die Dauer des Vipassana-Kurses. Kornfield (1979) weist daraufhin, dass die Frequenz der Momente von Achtsamkeit im Laufe eines ‚retreats' zunimmt.

Die Auswertung zeigt, dass zum Postzeitpunkt keine signifikanten Mittelwertsunterschiede des Achtsamkeitsscores bezogen auf Kurs bzw. Kurslänge bestehen. Kornfield (1979) bezieht sich in seiner Untersuchung auf Langzeiteffekte der Vipassana-Meditation (dreimonatige Kursdauer). Die Zeiträume

zwischen 3 bis 14 Tagen sind anscheinend zu klein, um signifikante Differenzen zu erwarten.
Insgesamt bieten die signifikanten interindividuellen Veränderungen des Achtsamkeitsscores und die Normalverteilung der Achtsamkeitssummenwerte zufriedenstellende Hinweise auf die Validität des Fragebogens und des zugrundeliegenden Konstrukts Achtsamkeit.
Die inhaltlichen Aspekte von Achtsamkeit wie Aufmerksamkeit, Urteilslosigkeit, Gegenwärtigkeit, Akzeptanz, Nicht-Identifikation, Ganzheitlichkeit, Prozesshaftigkeit, Neutralität, einsichtsvolles Verstehen und abnehmende Reaktivität (vgl. Kap. 2.5.) bestätigen sich empirisch in den gefundenen Faktoren.

5.2.3. Dimensionalität

Die Faktorenstruktur des Merkmals Achtsamkeit erweist sich als nicht stabil über die beiden Erhebungszeiträume hinweg.
Cattel & Dickman (1962) geben an, dass schiefwinklige Faktorlösungen aufgrund ihrer besseren Einfachstruktur auch leichter reproduzierbar sind. Für die vorliegenden Datensätze t1 und t2 haben sich jedoch keine wesentlichen Unterschiede zwischen schiefwinkliger und orthogonaler Rotation ergeben (vgl. Anhang C).
Die Änderungen der Merkmalsstruktur können auch durch die für eine Faktorenanalyse relativ kleinen Stichproben, insbesondere zu t2, bedingt sein. Um genauere Aussagen über die Stabilität des Merkmals Achtsamkeit machen zu können, sind Validierungsstudien mit größerem Stichprobenumfang notwendig.
Insgesamt bleibt Faktor II konfigural am stabilsten. Die Items, die zu t1 auf diesen Faktor laden sind bis auf zwei Ausnahmen im Faktor II zu t2 wiederzufinden. Auch die drei Variablen, die am höchsten auf Faktor II laden (Nr. 24, 31, 9) sind für die beiden Erhebungszeitpunkte identisch. Dies scheint darauf hinzudeuten, dass die akzeptierende, annehmende Komponente von Achtsamkeit sich von den anderen Merkmalen am deutlichsten abhebt.

Die Zusammenfassung des theoretischen Teils zeigte die Vielfältigkeit der Charakteristika von Achtsamkeit, die teilweise auch auseinander hervorgehen bzw. sich gegenseitig bedingen. Die hohen Zweit- oder Drittladungen der Items auf den weiteren Faktoren weisen ebenfalls auf diese komplexen Zusammenhänge hin. Sowohl zu t1 als auch zu t2 weisen 19 bzw. 18 der insgesamt 30 Items substantielle Nebenladungen (zwischen .31 und .53) auf einem oder zwei weiteren Faktoren auf.

Die Items des vierten Faktors zu t2 finden sich vollständig in den Items des ersten Fators zu t1 wieder und zwar zusammenhängend direkt nach dem am höchsten ladenden Statement Nr. 11. Ein Vergleich der Variablen mit den größten Ladungswerten auf den vier Faktoren zwischen den beiden Erhebungszeitpunkten zeigt, dass die zwei ersten Items des dritten Faktors (Nr. 8, 14) zu t1 ebenfalls am höchsten auf den ersten Faktor zu t2 laden. Das Item Nr. 20 steht an erster Stelle sowohl des vierten Faktors zum Prä-Messzeitpunkt als auch des dritten Faktors zum Post-Messzeitpunkt.

Die Überprüfung der unrotierten Faktorenmatrix (s. Anhang C) zeigt außerdem, dass alle Items positiv und größer als .44 (t1) bzw. .57 (t2) auf den ersten Faktor laden. 25 (t1) bzw. 27 (t2) der 30 Items haben zudem ihre höchste Ladung auf diesem Faktor und dieser allein erklärt 35.2 bzw. 35.8% der Gesamtvarianz.

Insgesamt sprechen die gewonnenen Ergebnisse für eine Eindimensionalität des zugrundeliegenden Konstrukts und die Annahme eines Generalfaktors.

5.2.4. Beurteilung der Testinstruktion und der Antwortskala

Die vierstufige Antwortskala wurde gewählt, um die Tendenz zur Mitte zu umgehen.

Zum einen wurden Items überhaupt nicht beantwortet; andererseits wurden oft Kreuze zwischen den einzelnen Kästchen gemacht. Letzteres kam besonders häufig vor. Im Nachhinein läßt dies darauf schließen, dass die Stufe zwischen „eher selten“ und „relativ oft“ zu groß gewählt war. Dies muss bei der weiteren Vergabe der Endform des FFA in Betracht gezogen werden.

Es wäre z.B. möglich eine sechstufige Antwortskala mit den beiden Polen „fast nie“ und „fast immer“ zu verwenden.

Der „Freiburger Fragebogen zur Achtsamkeit“ stellt in seiner Endform ein reliables, homogenes und valides Instrument zur Erfassung von Achtsamkeit dar. Aufgrund seiner geringen Bearbeitungszeit (10-15 Minuten) eignet er sich als Zusatz zu anderen Erhebungsinstrumenten.

Mit dem FFA wurde ein spezifisches Messinstrument zur Erfassung von Achtsamkeit entwickelt, das die Grundlage für weitere Forschung bilden kann.

5.3. Perspektiven für die weitere Forschung

Zunächst sind Validierungsstudien zu dem in dieser Arbeit neu entwickelten Fragebogen notwendig. Für weitere Untersuchungen mit diesem Instrument wurden die Items der Endform zusammengestellt und sind im Anhang D unter der Bezeichnung „Freiburger Fragebogen zur Achtsamkeit“ (FFA) aufgeführt.

Da bisher noch keine anderen Operationalisierungen von Achtsamkeit vorliegen, kann bei der konvergenten Validität kein empirischer Bezug auf andere Operationalisierungen und Konstrukte untersucht werden. Es können jedoch Teilbereiche des Konstrukts überprüft werden.

Insofern wären multivariat angelegte Untersuchungen mit dem FFA zur Erforschung der Konstruktvalidität von Achtsamkeit sinnvoll und interessant. Es erscheint dabei vielversprechend, die Inter-Merkmalsstruktur zu untersuchen (Waldmann, 1997). Hier kann der theoretische Teil dieser Arbeit eventuell Hinweise liefern, z. B. ‚sense of coherence'.

Denn aufgrund der Gefahr der Kriterienkonfundierung bei der empirischen Erfassung verschiedener spezifischer Merkmale, ist es um so wichtiger, einen theoretischen Bezug zwischen hochspezifischen Konstrukten zu schaffen (Waldmann, 1997).

Scharfetter (1983) weist auf die methodischen Mängel von Berichten bzgl. der Anwendung von Achtsamkeitsmeditation im psychotherapeutischen Setting hin. Es fehlt hier an Studien mit überprüfbaren Kontrollgruppen und repräsentativen homogenen Ausgangspopulationen. So fällt es in diesem Bereich oft noch schwer zwischen Placebo-Effekten und Erwartungshaltung der Therapeuten zu unterscheiden.

Verschiedene Fragestellungen könnten sich für zukünftige Untersuchungen mit dem FFA als interessant herausstellen.

Die Wechselwirkungen zwischen Psychotherapie und Achtsamkeit sollten näher erforscht werden, wie z.B. die Beziehung zwischen Therapieerfolg und Achtsamkeit. Dabei wäre es interessant zu ergründen, welche Therapierichtungen Achtsamkeit fördern. Hier würden insbesondere Fragen der Achtsamkeit bzw. der Achtsamkeitsmeditation als Zusatz, Weiterführung oder auch Vorbereitung von Psychotherapie eine Rolle spielen. Die Auswirkungen von Achtsamkeit allgemein auf die Effizienz und Effektivität von Therapie sollen untersucht werden (vgl. Majumdar, 1998).

Der Fragebogen kann ebenfalls eine Basis für differentielle Untersuchungen zu verschiedenen Meditationstechniken bilden (vgl. APA, 1977).

6. KURZZUSAMMENFASSUNG

Ich weiß Dir Dank dafür, daß Du mich so hinnimmst, wie ich bin. Was habe ich mit einem Freund zu tun, der mich wertet? Wenn ich einen Hinkenden zu Tisch lade, bitte ich ihn, sich zu setzen, und verlange von ihm nicht, daß er tanze.

Antoine de Saint-Exupéry

Mit der vorliegenden Arbeit „Achtsamkeit in Vipassana-Meditation und Psychotherapie – Die Entwicklung des „Freiburger Fragebogens zur Achtsamkeit" (FFA) soll ein Beitrag zur gegenwärtigen und zukünftigen Forschung in Achtsamkeit und Achtsamkeitsmeditation geliefert werden.

Zur Analyse und Operationalisierung des Konstrukts dient die aus der buddhistischen Theravada-Tradition stammende Vipassana-Meditation, deren unmittelbar abhängige Variable die Achtsamkeit darstellt. Die wesentlichen Charakteristika sind Aufmerksamkeit, Urteilslosigkeit, Gegenwärtigkeit, Nicht-Identifikation, Prozesshaftigkeit, Neutralität, Akzeptanz, Ganzheitlichkeit, Nicht-Oberflächlichkeit, Absichtslosigkeit, einsichtsvolles Verstehen, „Anfängergeist" (Suzuki, 1975) und abnehmende Reaktivität.

Die besondere Eignung der Achtsamkeitsmeditation für die Psychotherapie mag darin begründet sein, dass sie kulturneutral ist, einem non-theistischen religiösen System entstammt, sich auf alle natürlichen körperlichen und geistigen Prozesse bezieht und relativ einfach zu erlernen ist (vgl. Welwood, 1983).

Neuere Studien bestätigen die klinisch-therapeutische Wirksamkeit von Achtsamkeit und Achtsamkeitsmeditation (Astin, 1997; Kabat-Zinn et al., 1992; Majumdar, 1998; Miller et al., 1995; Scholz, 1992; Studer, 1999) und verschiedene Experten bemühen sich um ihre Anwendung und Integration in der Psychotherapie (Boorstein, 1997; Deatherage, 1988; Epstein, 1996; Galuska & Galuska, 1999; Linehan, 1996; Scholz, 1992, 1997; Teasdale, 1999; Welwood, 1983). Außerdem erscheint der Einsatz von Achtsamkeitsmeditation unter Berücksichtigung gesundheitsökonomischer Aspekte vielversprechend (Miller et al., 1995, Teasdale, 1999). Das Konstrukt Achtsamkeit wurde trotz dieser aktuellen Entwicklungen noch nicht empirisch überprüft.

Die Konstruktion des Fragebogens verlief in drei Schritten: (1) Erstellung eines Itempools, (2) ExpertInneneinschätzungen der Items und (3) Hauptuntersuchung, bei der die Vorform in einem Pretest (N=100)-Posttest (N=93)-Design an vier Stichproben von Vipassana-Kursteilnehmenden vergeben wurde. Nach einer Itemanalyse für die beiden Erhebungszeitpunkte wurde die Itemselektion anhand von Trennschärfekoeffizienten und Itemschwierigkeit durchgeführt. Zwei

Items wurden aufgrund ihrer geringen Spannbreite für die Endform revidiert. Die interne Konsistenz (Cronbach Alpha) der Endform des Fragebogens (30 Items) beträgt .93 zu t1 und .94 zu t2; die mittlere Item-Inter-Korrelation von respektiv .32 und .33 spricht für die Homogenität des Fragebogens und die durchschnittliche Itemschwierigkeit liegt bei .64 bzw. .74.

Für die beiden Erhebungszeitpunkte ergibt sich eine vierfaktorielle Lösung, die jeweils 54% bzw. 53% der Gesamtvarianz aufklärt. Die vier Faktoren zum Messzeitpunkt t1 sind folgendermaßen benannt: Gegenwärtige, nicht-identifizierte Aufmerksamkeit, Akzeptierende, nicht-urteilende Haltung, Ganzheitliches Annehmen und Prozesshaftes, einsichtsvolles Verstehen. Zu t2 finden sich ähnliche Faktoren; die Faktorenstruktur erweist sich jedoch als nicht stabil über die Messzeitpunkte hinweg. In den Faktoren spiegeln sich die theoretisch-konzeptionellen Merkmale von Achtsamkeit wider. Die Ergebnisse sprechen für die Eindimensionalität des Konstrukts Achtsamkeit und die Annahme eines Generalfaktors.

Der „Freiburger Fragebogen zur Achtsamkeit" (FFA) stellt in seiner Endform ein reliables, homogenes und valides Selbstbeurteilungsverfahren dar. Aufgrund seiner geringen Bearbeitungszeit (10-15 Minuten) eignet er sich als Zusatz zu anderen Erhebungsinstrumenten.

Interessante Perspektiven für die weitere Forschung wären, neben notwendigen Validierungsstudien zum FFA, Untersuchungen zu synergistischen Effekten von Psychotherapie und Achtsamkeit und differentielle Studien zu verschiedenen Meditationstechniken (vgl. APA, 1977).

LITERATURVERZEICHNIS

Allmen, F.v. (1990). **Die Freiheit entdecken: Vipassana Meditation im Westen.** Zürich: Theseus.

Allmen, F.v. (1997). **Mit Buddhas Augen sehen: buddhistische Meditation und Praxis.** Berlin: Theseus.

Amelang, M. & Zielinski, W. (1997). **Psychologische Diagnostik und Intervention**. Berlin: Springer. (2., korrigierte, aktualisierte und überarb. Aufl.)

American Psychiatric Association (1977). Position statement on meditation. **American Journal of Psychiatry, 134,** 720.

Angleitner, A. (1991). Personality psychology: trends and developments. **European Journal of Personality, 5,** 185-197.

Antonovsky, A. (1997). **Salutogenese: zur Entmystifizierung der Gesundheit** (A. Franke & N. Schulte, Übers.). Tübingen: Dgvt. (Original erschienen 1987: Unravelling the mystery of health)

Astin, J.A. (1997). Stress reduction through mindfulness meditation: effects on psychological symptomatology, sense of control, and spiritual experiences. **Psychotherapy and psychosomatics, 66,** 97-106.

Ayya Khema (1987). **Sei Dir selbst eine Insel: Wege zur Emanzipation des Geistes.** München: Theseus.

Beck, A.T. (1976). **Cognitive therapy and emotional disorders.** New York: International Universities Press.

Beisser, A.R. (1970). The paradoxical theory of change. In J. Fagan & I. L. Shepard (Eds.), **Gestalt therapy now** (pp. 77-80). New York: Harper & Row.

Bitter, W. (Hrsg.). (1973). **Meditation in Religion und Psychotherapie.** Stuttgart: Klett.

Böhlau, S. (1994). **Auf der Suche nach der verlorenen Dimension: Spiritualität in Therapie, Pädagogik, Seelsorge**. Dokumentation der Münchner Gestalttage 1994. Eurasburg: GFE.

Bohus, M. & Wagner, A.W. (2000). Dialektisch-behaviorale Therapie früh traumatisierter Patientinnen mit Borderline-Störung. In U.T. Egle, S.O. Hoffmann, P. Joraschky (Hrsg.), **Sexueller Mißbrauch, Mißhandlung, Vernachlässigung: Erkennung und Therapie psychischer und psychosomatischer Folgen früher Traumatisierungen** (S. 405-432). (2, vollst. aktualisierte und erw. Aufl.). Stuttgart: Schattauer.

Boorstein, S. (Hrsg.) (1988). **Transpersonale Psychotherapie: neue Wege in der Psychotherapie - transpersonale Ansätze, Methoden und Ziele in der therapeutischen Praxis.** Bern: Scherz.

Boorstein, S. (1997). **Clinical studies in transpersonal psychotherapy.** Albany: State University of New York.

Bortz, J. & Döring, N. (1995). **Forschungsmethoden und Evaluation.** (2., vollst. überarb. und aktualisierte Aufl.). Berlin: Springer.

Brown, D.P. & Engler, J. (1988a). Die Stadien der Achtsamkeitsmeditation: Eine Validierungsstudie. Erster Teil. In K. Wilber, J. Engler & D.P. Brown, **Psychologie der Befreiung** (S. 171-202). Bern: Scherz.

Brown, D.P. & Engler, J. (1988b). Die Stadien der Achtsamkeitsmeditation: Eine Validierungsstudie. Zweiter Teil. In K. Wilber, J. Engler & D.P. Brown, **Psychologie der Befreiung** (S. 203-228). Bern: Scherz.

Brück, M.v. (1998). **Buddhismus: Grundlagen – Geschichte – Praxis.** Gütersloh: Gütersloher Verlags-Haus.

Buddha-Haus (n.d.). Uttenbühl 5. 87466 Oy-Mittelberg.

Bühler, K.-E. & Fischer, H.R. (1983). Meditation in der Anthropologischen Psychotherapie. **Zeitschrift für Integrative Therapie, 4,** 332-343.

Burns, D. & Ohayv, R.J. (1980). Psychological changes in meditating western monks in Thailand. **The Journal of Transpersonal Psychology, 12,** 11-24.

Carrington, P. (1983). **Das große Buch der Meditation.** München: Heyne.

Carrington, P. & Ephron, H.S. (1975). Meditation as an adjunct to psychotherapy. In S. Arieti & G. Chrzanowski (Eds.), **New dimensions in psychiatry** (pp. 261-291). New York: Wiley.

Cattel, R.B. & Dickman, K. (1962). A dynamic model of physical influences demonstrating the necessity of oblique simple structure. **Psychological Bulletin, 59,** 389-400.

Chandiramani, K., Verma, S.K., Dhar, P.L., Aggarwal, N. (1994). Psychological effects of vipassana on Tihar jail inmates: a preliminary report. In Vipassana Research Institute (Ed.), **Vipassana – its relevance to the present world world: an international seminar, april 1994, New Delhi.** Mumbai, India: Apollo Printers.

Conze, E. (1993). **The way of wisdom: the five spiritual faculties.** Kandy, Sri Lanka: Buddhist Publication Society. (first published 1964)

Corsini, R.J. (Hrsg.) (1987). **Handbuch der Psychotherapie: Band 1.** München: Psychologie-Verlags-Union.

Dalai Lama (1989). **Mindscience: an east-west dialogue.** London: Wisdom Publications.

Dalai Lama (1993). **Im Einklang mit der Welt: der Friedens-Nobelpreisträger im Gespräch mit Jean Shinoda Bolen, Margaret Brenman-Gibson, Daniel Brown, Jack Engler, Daniel Goleman, Stephen Levine und Joanna Macy.** Bergisch Gladbach: Gustav Lübbe.

Deatherage, G. (1975). The clinical use of ‚mindfulness' meditation techniques in short-term psychotherapy. **The Journal of Transpersonal Psychology, 2,** 133-144.

Deatherage, G. (1988). Achtsamkeitsmeditation als Psychotherapie. In S. Boorstein (Hrsg.), **Transpersonale Psychotherapie: neue Wege in der Psychotherapie - transpersonale Ansätze, Methoden und Ziele in der therapeutischen Praxis** (S. 183-204). Bern: Scherz.

Deikman, A.J. (1986). **Therapie und Erleuchtung: die Erweiterung des menschlichen Bewußtseins.** Reinbek: Rowohlt.

De Martino, R. (1991). Karen Horney, Daisetz T. Suzuki, and Zen-Buddhism. **American Journal of Psychoanalysis, 31,** 267-283.

Dhamma Gruppe Schweiz (n.d.). Buddhistische Meditationskurse. Postfach 5909. CH-3001 Bern.

Duden (1999). **Das große Wörterbuch der deutschen Sprache: in zehn Bänden.** Wissenschaftlicher Rat der Dudenredaktion (Hrsg.). Mannheim: Dudenverlag. (3., völlig neu bearb. und erw. Aufl.)

Egle, U.T., Hoffmann, S.O., Joraschky, P. (Hrsg.). (2000). **Sexueller Mißbrauch, Mißhandlung, Vernachlässigung: Erkennung und Therapie psychischer und psychosomatischer Folgen früher Traumatisierungen.** (2, vollst. aktualisierte und erw. Aufl.). Stuttgart: Schattauer.

Engel, K. (1996). Meditation. Abbrüche, Nebenwirkungen, prognostische Faktoren. **Grenzgebiete der Wissenschaft, 45,** 245-255.

Engel, K. (1999). **Meditation: Geschichte, Systematik, Forschung, Theorie.** Frankfurt a. Main: Peter Lang. (2., stark erw. und überarb. Aufl.)

Engler, J. (1988). Therapeutische Ziele in Psychotherapie und Meditation: Entwicklungsstadien der Selbstrepräsentation. In K. Wilber, J. Engler & D.P. Brown, **Psychologie der Befreiung** (S. 31-66). Bern: Scherz.

Epstein, M. (1986). Meditative transformations of narcissism. **The Journal of Transpersonal Psychology, 18,** 143-158.

Epstein, M. (1996). **Gedanken ohne den Denker: das Wechselspiel von Buddhismus und Psychotherapie.** Frankfurt a. Main: Wolfgang

Krüger.

Epstein, M. & Lieff, J. (1981). Psychiatric complications of meditation practice. **The Journal of Transpersonal Psychology, 13,** 137-147.

Essen, S. (1993). Systemische Therapie als Praxis des Nichtanhaftens. **Zeitschrift für sytemische Therapie, 11,** 32-38.

Etymologisches Wörterbuch des Deutschen (1993). **A - Z.** (2.Aufl.).

Fagan, J. & Shepard, I.L. (Eds.). **Gestalt therapy now.** New York: Harper & Row.

Fisseni, H.-J. (1990). **Lehrbuch der psychologischen Diagnostik.** Göttingen: Hogrefe.

Fromm, E., Suzuki, D.T. & de Martino, R. (1974). **Zen-Buddhismus und Psychoanalyse.** Hamburg: Suhrkamp.

Fuhr, R., Sreckovic, M. & Gremmler-Fuhr, M. (Hrsg.). (1999). **Handbuch der Gestalttherapie.** Göttingen: Hogrefe.

Gaia House (n.d.). West Ogwell. Newton Abbot. Devon TQ 12 6EN. England.

Galuska, J. (1997). Heilung von Psychosen in transpersonalem Verständnis. **Transpersonale Psychologie und Psychotherapie, 3,** 48-63.

Galuska, D. & Galuska, J. (1999). Buddhistische Meditation: Theravada-Tradition in Verbindung mit westlicher Therapie. In K. Engel, **Meditation: Geschichte, Systematik, Forschung, Theorie** (S. 130-133). Frankfurt. a. Main: Peter Lang. (2., stark erw. und überarb. Aufl.).

Gendlin, E.T. (1998). **Focusing-orientierte Psychotherapie: ein Handbuch der erlebensbezogenen Methode.** München: J. Pfeiffer.

Goenka, S.N. (1999). **Vipassana-Meditation: die Kunst des Lebens.** Vortrag am 2. Februar 2000, Zürich: Kongresshaus (unveröffentl.).

Goldstein, J. & Kornfield, J. (1996). **Einsicht durch Meditation: die Achtsamkeit des Herzens - buddhistische Einsichts-Meditation für westliche Menschen.** München: Barth.

Goleman, D. (1971). Meditation as meta therapy: hypothesis towards a proposed fifth state of consciousness. **The Journal of Transpersonal Psychology, 3,** 1-25.

Goleman, D. (1975). Mental health in classical buddhist psychology. **The Journal of Transpersonal Psychology, 7,** 176-181.

Goleman, D. (1996). Haben Sie Ihre Gefühle im Griff? **Psychologie heute, Februar,** 29-35.

Goleman, D. (1997). **Wege zur Meditation: innere Stärke durch östliche und westliche Lehren.** München: Heyne.

Goleman, D. (Hrsg.). (1998). **Die heilende Kraft der Gefühle: Gespräche mit dem Dalai Lama über Achtsamkeit, Emotion und Gesundheit.** München: dtv.

Gremmler-Fuhr, M. (1999). Grundkonzepte und Modelle der Gestalttherapie. In R. Fuhr, M. Sreckovic & M. Gremmler-Fuhr (Hrsg.), **Handbuch der Gestalttherapie** (S. 345-392). Göttingen: Hogrefe.

Gruber, H. (1997). Das Herz buddhistischer Meditation. Die Hauptansätze der Achtsamkeitspraxis Vipassana im Westen. Deutsche Buddhistische Union (DBU). **Lotusblätter – Zeitschrift für Buddhismus, 11,** 4/97 + 1/98, 46-51.

Gruber, H. (1999). **Kursbuch Vipassana: Wege und Lehrer der Einsichtsmeditation.** Frankfurt a. M.: Fischer.

Hart, W. (1996). **Die Kunst des Lebens: Vipassana-Meditation nach S.N. Goenka.** Frankfurt a. M.: Fischer.

Hartmann-Kottek-Schroeder, L. (1987). Gestalttherapie. In R.J. Corsini, **Handbuch der Psychotherapie: Band 1** (S. 171-199). München: Psychologie-Verlags-Union.

Hayward, J.W. (1996). **Die Erforschung der Innenwelt: neue Wege zum wissenschaftlichen Verständnis von Wahrnehmung, Erkennen und Bewußtsein.** Frankfurt a. Main: Insel.

Hayward, J.W. & Varela, J.V. (Hrsg.). (1998). **Gewagte Denkwege: Wissenschaftler im Gespräch mit dem Dalai Lama.** München: Piper. (Original erschienen 1992: Gentle bridges)

Insight Meditation Society (n.d.). 1230 Pleasant Street, Barre, MA 01005, USA.

Johanson, G. & Kurtz, R. (1993). **Sanfte Stärke: Heilung im Geiste des Tao te king.** München: Kösel.

Kabat-Zinn, J. (1982). An outpatient program in behavioral medicine for chronic pain patients based on the practice of mindfulness meditation: theoretical considerations and preliminary results. **General Hospital Psychiatry, 4,** 33-47.

Kabat-Zinn, J. (1996). **Gesund durch Meditation: das große Buch der Selbstheilung.** München: Barth.

Kabat-Zinn, J. (1998). **Im Alltag Ruhe finden: das umfassende praktische Meditationsprogramm für alle Lebenslagen.** Freiburg i. Br.: Herder.

Kabat-Zinn. J.. Massion. A.O.. Kristeller. J.. Peterson. L.G.. Fletcher. K.E..

Pbert, L., Lenderking, W.R. & Santorelli, S.F. (1992). Effectiveness of a meditation-based stress reduction program in the treatment of anxiety disorders. **American Journal of Psychiatry, 149,** 936-943.

Kabat-Zinn, J. & Salzberg, S. (1998). Achtsamkeit als Medikament. In D. Goleman (Hrsg.), **Die heilende Kraft der Gefühle: Gespräche mit dem Dalai Lama über Achtsamkeit, Emotion und Gesundheit** (S. 134-179). München: dtv.

Khosla, R. (1994). Before and after: six case studies of improvement in mental health. In Vipassana Research Institute (Ed.), **Vipassana - its relevance to the present world: an international seminar, april 1994, New Delhi.** Mumbai: Apollo Printers.

Kohlenberg, R.J., Hayes, S.C. & Tsai, M. (1993). Radical behavioral psychotherapy: two contemporary examples. **Clinical Psychological Review, 13,** 579-592.

Kornfield, J. (1979). Intensive insight meditation: A phenomenological study. **The Journal of Transpersonal Psychology, 11,** 41-58.

Kornfield, J. (1995). **Frag den Buddha - und geh den Weg des Herzens.** München: Kösel.

Levine, S. (1997). **Schritte zum Erwachen: Meditation der Achtsamkeit.** Reinbek: Rowohlt. (Original erschienen 1979: A gradual awakening)

Lienert, G.A. & Raatz, (1994). **Testaufbau und Testanalyse.** (5. völlig neubearb. und erw. Aufl.). Weinheim: Beltz, Psychologie-Verlags-Union.

Linehan, M.M. (1996). **Trainingsmanual zur Dialektisch-Behavioralen Therapie der Borderline-Persönlichkeitsstörung.** München: CIP-Medien.

Linehan, M.M., Armstrong, H.E. Suarez, A., Allmon, D. & Heard, H.L. (1991). Cognitive-behavioral treatment of chronically parasuicidal borderline patients. **Archives of General Psychiatry, 48,** 1060-1064.

Linehan, M.M. & Heard, H.L. (1993). Impact of treatment accessibility on clinical course of parasuicidal patients. **Archives of General Psychiatry, 50,** 157-158.

Machemer, P. (1991). Psychotherapie und Meditation - Zur Verbindung von Gestalttherapie und Kum Nye. **Integrative Therapie, 3,** 228-253.

Majumdar, M. (1998). **Achtsamkeitsmeditation und Gesundheit. Eine explorative Panelstudie: Outcome-Evaluation und Erprobung des Untersuchungsdesigns.** Freiburg i. Br.: Albert-Ludwigs-Universität,

Psychologisches Institut. (unveröffentl. Diplomarbeit)

Mannschatz, M. (1992). **Gestalttherapie und Meditation.** Vortrag im Gestalt-Zentrum Berlin am 6.11.1992. (unveröffentl. Manuskript)

Mannschatz, M. (1999). **Achtsamkeitstraining.** (unveröffentl. Manuskript)

McDonald, K. (1994). **Wege zur Meditation: eine praktische Anleitung.** Arnstorf: Diamant.

Miller, J.J. (1993). The Unveiling of traumatic memories and emotions through mindfulness and concentration meditation: clinical implications and three case reports. **The Journal of Transpersonal Psychology, 25,** 169-180.

Miller, J.J., Fletcher, K. & Kabat-Zinn, J. (1995). Three-year follow-up and clinical implications of a mindfulness meditation-based stress reduction intervention in the treatment of anxiety disorders. **General Hospital Psychiatry, 17,** 192-200.

Mummendey, H.-D. (1987). **Die Fragebogen-Methode.** Göttingen: Hogrefe.

Naranjo, C. & Ornstein, R.E. (1976). **Psychologie der Meditation.** Frankfurt a. Main: Fischer.

Niehaus, P. & Küstner, U. (1997). Tara Rogpa – die freundliche Therapie. **Lotusblätter - Zeitschrift für Buddhismus, 11,** 34-37.

Nyanaponika (1993). **Geistestraining durch Achtsamkeit.** Konstanz: Christiani. (1. Auflage 1969)

Nyanaponika (1994). **The power of mindfulness: an inquiry into the scope of bare attention and the principal sources of its strength.** Kandy, Sri Lanka: Buddhist Publication Society. (first published 1968)

Nyanatiloka (1981). **Buddhistisches Wörterbuch.** Konstanz: Christiani.

Ortony, A., Clove, G.L., Collins, A. (1988). **The cognitive structure of emotions.** Cambridge: University Press.

Perls, F.S. (1978). **Das Ich, der Hunger und die Aggression: die Anfänge der Gestalttherapie.** Stuttgart: Klett-Cotta. (Original erschienen 1947: Ego, hunger and aggression)

Petzold, H. (Hrsg.) (1983). **Psychotherapie, Meditation, Gestalt.** Paderborn: Jungfermann.

Picker, R. (1994). Auf der Suche nach der verlorenenen Dimension. In S. Böhlau (Hrsg. R. Merten) **Auf der Suche nach der verlorenen Dimension: Spiritualität in Therapie, Pädagogik, Seelsorge.** Dokumentation der Münchner Gestalttage 94. Eurasburg: GFE.

Quekelberghe, R. van (1991). **Klinische Ethnopsychologie: Einführung in die transkulturelle Psychologie, Psychopathologie und Psychotherapie.** Heidelberg: Asanger.

Reynolds, D.K. (1987b). Morita-Therapie. In R.J. Corsini (Hrsg.), **Handbuch der Psychotherapie: Band 1.** München: Psychologie-Verlags-Union.

Rogers, C.R. (1973). **Entwicklung der Persönlichkeit.** Stuttgart: Klett. (Original erschienen 1961: On becoming a person)

Rogers, C.R. (1983). **Therapeut und Klient: Grundlagen der Gesprächspsychotherapie.** Frankfurt a. Main: Fischer.

Scharfetter, Ch. (1983). Über Meditation: Begriffsfeld, Sichtung der „Befunde", Anwendung in der Psychotherapie. In H. Petzold (Hrsg.), **Psychotherapie, Meditation, Gestalt** (S. 27-52). Paderborn: Jungfermann.

Scharfetter, Ch. (1987). Meditation in der Psychotherapie. In Ottrich, A. & Scharfetter, C. (Hrsg.) **Ethnopsychiatrie.** Stuttgart: Enke.

Scholz, G. (1992). **Vipassana-Meditation und Drogensucht: eine Studie über den Ausstieg aus der Herrschaft der Attraktion Droge.** Diss. Universität Zürich. Zürich: ADAG.

Scholz, G. (1997). Begehren nach dem Begehren: Detlef Kantowsky im Gespräch mit Gerhard Scholz, dem Leiter von ‚Start Again'. **Lotusblätter - Zeitschrift für Buddhismus, 11,** 21-25.

Seminarhaus Engl e.V. (n.d.). Verein für buddhistisches Leben und Handeln, Engl 1, 84339 Unterdietfurt.

Shapiro, D.H. (1982). Overview: clinical and physiological comparison of meditation with other self-control strategies. **American Journal of Psychiatry, 139,** 267-274.

Shapiro, D.H. (1987). **Meditationstechniken in der klinischen Psychologie.** Eschborn: Fachbuchhandlung für Psychologie, Verl.-Abt.

Shapiro, D.H., jr. (1992). A preliminary study of long-term meditators: goals, effects, religious orientation, cognitions. **The Journal of Transpersonal Psychology, 24,** 23-39.

Solé-Leris, A. (1994). Die Meditation, die der Buddha selber lehrte: wie man Ruhe und Klarblick gewinnen kann. Freiburg i. Br.: Herder.

Smith, K. (1981). Observations on morita therapy and culture-specific interpretations. **The Journal of Transpersonal Psychology, 13,** 59-69.

Spirit Rock Meditation Center (n. d.). 5000 Sir Francis Drake Boulevard. P.O. Box 909. Woodacre. CA 94973. USA.

Studer, U.M. (1999). **Zusammenfassung von Verlangen, Süchtigkeit und Tiefensystemik: Fallstudie des Suchttherapiezentrums für Drogenabhängige START AGAIN in Zürich zwischen 1992 und 1998.** Therapieforschung. Suchttherapiezentrum für Drogenabhängige START AGAIN. Steinwiesstrasse 24, CH-8032 Zürich.

Suzuki, S. (1975). **Zen-Geist, Anfänger-Geist: Unterweisungen in Zen-Meditation**. Zürich: Theseus.

Sweet, M.J. & Johnson, C.G. (1990). Enhancing empathy: the interpersonal implications of a buddhist meditation technique. **Psychotherapy, 27,** 19-29.

Tart, C.T. (1996). **Die innere Kunst der Achtsamkeit: ein Praxisbuch für das Leben im gegenwärtigen Moment.** Freiamt: Arbor.

Tart, C.T. & Deikman, A.J. (1991). Mindfulness, spiritual seeking and psychotherapy. **The Journal of Transpersonal Psychology, 23,** 29-52.

Teasdale, J.D. (1999). Metacognition, mindfulness, and the modification of mood disorders. **Clinical Psychology and Psychotherapy, 6,** 146-155.

Teasdale, J.D., Segal, Z. & Williams, J.M.G. (1997). **Fragebogen zur Erfassung von Erfahrung und Erleben (FEE)** (M. Majumdar & N. Schmid, Übers.). (Original unveröffentl., University of Cambridge 1997: Experiences Questionnaire)

Thich Nhat Hanh (1996). **Innerer Friede – Äußerer Friede.** Zürich: Theseus.

Thich Nhat Hanh (1999). **Das Herz von Buddhas Lehre: Leiden verwandeln – die Praxis des glücklichen Lebens.** Freiburg i. Br.: Herder.

Titmuss, C. (1998). **Light on enlightenment.** London: Rider.

University of Massachusetts Medical Center, Stress Reduction and Relaxation Program (n. d.). 55 Lake Avenue North, Worcester, MA 01655, USA.

Varela, F. (1998). **Traum, Schlaf und Tod: Grenzbereiche des Bewußtseins; der Dalai Lama im Gespräch mit westlichen Wissenschaftlern.** München: Diederichs.

Vieregge, J.G. (1994). Psychotherapie und Meditation. In S. Böhlau, **Auf der Suche nach der verlorenen Dimension: Spiritualität in Therapie, Pädagogik, Seelsorge** (S. 193- 214). Eurasburg: GFE.

Vipassana Research Institute (Ed.) (1994). **Vipassana - its relevance to the present world: an international seminar, New Delhi, april 1994.** Mumbai: Apollo Printers.

Waldhaus am Laacher See (n.d.). Zentrum für Buddhismus und bewußtes Leben. Heimschule 1. 56645 Nickenich.

Waldmann, H.-C. (1997). **Sozialwissenschaftliche Methoden in der klinischen Forschung: Grundlagen, Forschungsdesigns und statistische Modellbildung im Anwendungsfeld Rehabilitation.** Frankfurt a. Main: Peter Lang.

Walsh, R.N. (1987). Meditation. In R.J. Corsini (Hrsg.), **Handbuch der Psychotherapie: Band 1** (S. 652-678). München: Psychologie-Verlags-Union.

Weise, G. (1975). **Psychologische Leistungstests.** Göttingen: Hogrefe.

Weiser Cornell, A. (1997). **Focusing – der Stimme des Körpers folgen: Anleitungen und Übungen zur Selbsterfahrung.** Reinbek: Rowohlt.

Wells, A. & Matthews, G. (1996). Modelling cognition in emotional disorder: the S-REF model. **Behaviour Research and Therapy, 34,** 881-888.

Welwood, J. (Ed.) (1983). **Awakening the heart - east/ west approaches to psychotherapy and the healing relationship.** Boulders, Col.: Shambala.

Wetzel, S. (1998a). **Hoch wie der Himmel - tief wie die Erde: Ratgeber für gute und schwierige Zeiten.** München: Theseus.

Wetzel, S. (Hrsg). (1998b). **Die Grüne Tara: weibliche Weisheit; Grundlagen des buddhistischen Tantra von Lama Thubten Yeshe.** München: Diamant.

Wilber, K., Engler, J. & Brown, D.P. (1988). **Psychologie der Befreiung.** Bern: Scherz.

Wortz, E. (1982). Application of awareness methods in psychotherapy. **The Journal of Transpersonal Psychology, 14,** 61-68.

Anhang A: ExpertInnenbefragung

A1 Briefe an die ExpertInnen

A2 Auswertungstabelle der Eignungseinschätzung

A3 Quellenangabe der Items

Nina Buchheld
Vauban-Allee 4
79100 Freiburg
Tel: 0761/ 4001677

Freiburg, den 31. März 1999

Sehr geehrte(r) Frau/ Herr,

Für meine Diplomarbeit im Fach Psychologie konstruiere ich einen Fragebogen zur Erfassung von Erfahrung und Erleben von Vipassana-Meditation.
Dabei geht es insbesondere um die Erfassung (der Entwicklung) von „rechter" Achtsamkeit; wobei natürlich auch z.B. Weisheit, Gelassenheit, Liebe und Mitgefühl eine maßgebliche Rolle spielen.
Mein Anliegen ist die Vipassana-Meditation und ihre Wirkungsweise näher zu erforschen und auch erforschbar zu machen.
Ich würde mir wünschen, daß dieser Fragebogen vielleicht auch einen Beitrag zur Verbindung und Integration von Achtsamkeitsmeditation und Psychotherapie und zur Anerkennung der Vipassana-Meditation allgemein leistet.

Zur Zeit bin ich damit beschäftigt eine Liste von Items zu erstellen wie z. B. „Ich beobachte meine Gedanken, ohne mich mit ihrem Inhalt zu identifizieren" oder „Ich erfahre Augenblicke der Verbundenheit, des Einssein mit allen Lebewesen" etc.
An diesem Punkt wäre es sehr wichtig für die Validität des Fragebogens, daß verschiedene Experten, die sich mit Vipassana-Meditation auskennen, die Liste der Items anschauen und kommentieren würden.
Ich wäre Ihnen wirklich sehr dankbar, wenn Sie sich bereit erklären würden, die Itemliste kurz zu kommentieren. Ich vermute, daß der damit verbundene Aufwand nicht sehr groß sein wird, da es sich um einen relativ kurzen Fragebogen handelt (20-30 Items, 2 Seiten).
Wenn ich nichts von Ihnen höre, werde ich mich demnächst noch einmal telefonisch bei Ihnen melden.
Vielen Dank!

Mit freundlichen Grüssen.

Nina Buchheld
Vauban-Allee 4
79100 Freiburg
Tel: 0761/ 4001677

Freiburg, den 22. April 1999

Sehr geehrte(r) Frau/ Herr

Vielen Dank für Ihre Zusage und Bereitschaft, sich die Liste von Items anzugucken.
Wie schon erwähnt geht es um einen Fragebogen, der Achtsamkeit und ihre Folgen bzw. Wirkung erfassen soll.
Ich habe mich bemüht, die Items neutral zu halten, damit die spätere Verwendung des Fragebogens nicht zu eng gehalten wird. Trotzdem habe ich auch versucht, verschiedene Aspekte der buddhistischen Lehre mit einzubeziehen.

Ich bitte Sie, hinter jedem Item anzukreuzen, ob Sie es für geeignet, weniger geeignet oder ungeeignet halten und Ihre Entscheidung gegebenenfalls zu kommentieren.
(Haben die Items etwas mit Achtsamkeit, wie sie im Buddhismus verstanden wird, zu tun?
Repräsentieren die Items Erfahrungen, die mit der Vipassana-Meditation vereinbar sind?
Sind alle wesentlichen Bereiche abgedeckt?
Meinen Sie, daß die Items geeignet wären, Veränderungen vor und nach einem Vipassana-Retreat festzustellen?
Ist die Formulierung sinngemäß und verständlich?)

Die Anweisungen an die Person, die den Fragebogen ausfüllt, lauten ungefähr folgendermaßen:
Dieser Fragebogen soll Ihre Erfahrung und Ihr Erleben der letzten 5-7 Tage erfassen. Bitte antworten Sie ehrlich und so spontan wie möglich.
(Je Item besteht dann die Möglichkeit, nie; selten; gelegentlich; oft; immer anzukreuzen).

Ich bitte Sie, mir die Itemliste bis zum 3. Mai zurückzuschicken, da ich schon Mitte Mai den Fragebogen während eines Vipassana-Retreats verteilen möchte.

Nochmals herzlichen Dank und einen lieben Gruß.

Auswertungstabelle der Eignungseinschätzung

Legende:

1. Item-Nr.
2. Statement

3, 4, 5. Einschätzung der Experten des jeweiligen Items als „geeignet", „weniger geeignet" oder „ungeeignet"

6. Durchschnittliche „Bewertung" der Eignung des Items zur Erfassung von Achtsamkeit durch die Experten
mit einer Antwortskalierung von: 1 = „geeignet"
3 = „ weniger geeignet"
5 = „ungeeignet"

Die für die Vorform ausgewählten Itemformulierungen sind jeweils fett gedruckt.

Item Nr.	Statement	geeig-net	weni-ger geei-gnet	unge-eignet	Note
1.	Ich bin in Kontakt mit allem was gerade ist, hier und jetzt. **Ich versuche in Kontakt zu sein, mit dem was gerade ist, hier und jetzt.**	++++ +++		+	**1,5**
2.	Ich versuche, mich für die Erfahrung eines jeden Momentes zu öffnen. **Ich bin offen für die Erfahrung des Augenblicks.**	++++ +++	+		**1,25**
3.	**Ich bemühe mich, hier und jetzt gegenwärtig zu sein.**	++++ +++	+		1,25
4.	Ich beobachte meine Gedanken, wie sie ganz natürlich kommen und gehen. **Ich beobachte meine Gedanken, wie sie kommen und gehen.**	++++ ++++			**1,0**
5.	Ich beobachte das Kommen und Gehen aller Erfahrungen. **Ich beobachte das Kommen und Gehen von Erfahrungen.**	++++ ++++			**1,0**
6.	Ich sehe das Gute in anderen Menschen.	++++ +		++	2,14

Item Nr.	Statement	geeig-net	weni-ger geei-gnet	unge-eignet	Note
7.	Ich interessiere mich für alles, was in meinem Körper und Geist vor sich geht. **Ich interessiere mich für das, was in meinem Körper und Geist vor sich geht.**	++++ +++	+		**1,25**
8.	**Ich spüre auch in unangenehme Empfindungen hinein.**	++++ +++	+		**1,25**
9.	Ich kann unangenehme Erfahrungen annehmen. **Ich nehme unangenehme Erfahrungen an.**	++++ ++	++		**1,5**
10.	Ich kann unangenehme Gefühle beobachten, ohne von ihnen vereinnahmt zu werden. **Ich beobachte meine Gefühle, ohne mich in ihnen zu verlieren.**	++++ ++++			**1,0**
11.	Ich sehe das Leben als ein Geschenk.	++++	++	+	2,14
12.	Ich fühle mich meinen Gedanken und Empfindungen nicht blind ausgeliefert.	++++ ++	+	+	1,75
13.	Ich nehme wahr, wie sich meine Gedanken und Gefühle im Körper anfühlen. **Ich nehme wahr, wie sich meine und Gefühle im Körper ausdrücken.**	++++ ++++			**1,0**
14.	Ich erkenne, daß mein Widerstand gegen den Schmerz oft größer als der Schmerz selber ist.	++++	++++	+	2,33
15.	Ich bin liebevoll mit mir, wenn ich merke, daß ich bewerte und verurteile. **Ich verurteile mich, wenn ich merke, daß ich bewerte. (Negativ-Item)**	++++ ++++	+		**1,22**
16.	**Ich wehre mich innerlich gegen unangenehme Gefühle. (Negativ-Item)**	++++ ++++			**1,0**
17.	Ich begegne schwierigen Erfahrungen mit Liebe und Mitgefühl.	++++ ++??			1,0
18.	Ich muß meine Wut nicht ausagieren.	++++ +	++	+	2,0
19.	Ich nehme meine Gefühle wahr, ohne auf sie zu reagieren. **Ich nehme meine Gefühle wahr, ohne auf sie reagieren zu müssen.**	++++ ++	++		**1,5**

Item Nr.	Statement	geeig-net	weni-ger geei-gnet	unge-eignet	Note
20.	Ich kann entscheiden, ob ich auf meine Gefühle reagiere oder nicht.	++++ +++	+		1,25
22.	**Ich merke, daß ich nicht auf alles reagieren muß, was mir gerade in den Sinn kommt.**	++++ +++	+		**1,25**
23.	**Ich beobachte meine Gedanken, ohne mich mit ihnen zu identifizieren.**	++++ ++++			**1,0**
24.	Ich verliere mich nicht im Inhalt meiner Gedanken. **Ich verliere mich im Inhalt meiner Gedanken. (Negativ-Item)**	++++ ++++			**1,0**
25.	Ich erkenne, daß die Dinge ganz von alleine gesetzmäßig ablaufen.	+++	+++	++	2,75
26.	Ich erfahre Augenblicke der Verbundenheit, des Einsseins mit allen Lebewesen.	++++ ++	++		1,5
27.	Ich erkenne, daß alles vollkommen ist, so wie es gerade ist.	++++	++	+	2,14
28.	Ich brauche nichts zu verändern an der Erfahrung des Momentes.	++++ ++	+	+	1,75
29.	Ich erlebe Momente von innerer Freiheit.	++++ +++	+		1,25
30.	**Ich erlebe Momente innerer Ruhe und Gelassenheit, selbst wenn äußerlich Schmerzen und Unruhe da sind.**	++++ ++++			**1,0**
31.	**Ich spüre Momente innerer Freude und Zufriedenheit ohne äußeren Anlaß.**	++++ +++	+		**1,25**
32.	Ich bin mir der Flüchtigkeit und Vergänglichkeit all meiner Erfahrungen bewußt. **Ich bin mir der Flüchtigkeit und Vergänglichkeit meiner Erfahrungen bewußt.**	++++ ++++			**1,0**
33.	Ich fühle mich nicht liebenswert. (Negativ-Item)	++++ +	+++	++	2,4
34.	Ich fühle mich einsam, wie abgeschnitten vom Rest der Welt. (Negativ-Item)	++++ +	++	++	2,33

Item Nr.	Statement	geeig-net	weni-ger geei-gnet	unge-eignet	Note
35.	Ich zeige Verständnis für meine Schwächen.	++++ +	++	+	2,0
36.	Ich versuche wahrzunehmen, was in mir und um mich herum vorgeht. **Ich nehme wahr, was in mir und um mich herum vorgeht.**	++++ +	++		**1,57**
37.	Ich habe das Gefühl, daß mir noch etwas fehlt zu meinem Glück. (Negativ-Item)	++++	+	++	2,43
38.	Ich betrachte Dinge von einer breiten Perspektive. **Ich betrachte Dinge aus mehreren Perspektiven.**	++++	+++	+	**2,25**
39.	Ich habe das Gefühl, daß ich gegen mich selbst ankämpfe. (Negativ-Item)	++++ +	+	+	1,86
40.	Ich fühle mich unbeschwert und gelassen.	++++ ++		+	1,57
41.	Ich fühle mich lebendig.	++++ +	+	+	1,86
42.	Ich begegne meinen unliebsamen Eigenschaften mit Sanftheit und Mitgefühl.	++++ ++	+++		1,67
43.	Ich denke über meine Fehler, Probleme und Schwierigkeiten nach. (Negativ-Item)	++++	+	++	2,43
44.	Ich fühle mich in meinen negativen und destruktiven Mustern gefangen. (Negativ-Item)	++++ +	+	+	1,86
45.	Ich sehe klar und deutlich, wie ich mir selbst immer wieder Leiden schaffe. **Ich sehe, wie ich mir selbst immer wieder Leiden schaffe.**	++++ +++	+		**1,25**
46.	**Ich kann mich selbst wertschätzen.**	++++ ++++	+		**1,22**
47.	**Ich akzeptiere mich, so wie ich bin.**	++++ +++	++		**1,44**
48.	Ich kann darüber lächeln, wenn ich sehe, wie ich mir das Leben selbst schwer mache. **Ich kann darüber lächeln, wenn ich sehe, wie ich mir manchmal das Leben schwer mache.**	++++ ++	++		**1,5**

Item Nr.	Statement	geeig-net	weni-ger geei-gnet	unge-eignet	Note
49.	Ich bin mir meiner grundlegenden positiven Qualitäten bewußt.	++++ +++	+		1,25
50.	Ich bewerte meine Erfahrung nicht.	++++ +	+++		1,75
51.	**Ich gebe mich dem Strom meiner Erfahrungen hin.**	+++++	+	++	2,25
52.	**Ich bin geduldig mit mir und meinen Mitmenschen.**	++++ ++++			**1,0**
53.	Ich stelle fest, daß ich Schwierigkeiten persönlich nehme. (Negativ-Item)	++++ +	+++		1,75
54.	Ich bin spontan.	+++	+	+++	**3,0**
55.	**Ich spüre in meinen Körper hinein, sei es beim Essen, Kochen, Putzen, Reden.**	++++ ++++			**1,0**
56.	Ich respektiere und schätze das Leben in seiner Ganzheit und Vielfältigkeit.	++++ +++	++		**1,44**
57.	Ich erkenne was hilfreich und heilsam für mich ist und handle dementsprechend.	++++ ++	+		**1,29**
58.	Ich merke, daß es niemanden gibt, der die Kontrolle hat.	+++	++	+++	3,0
59.	Es gibt niemanden, der meine Gedanken und Gefühle von Natur aus besitzt.	++++ +	+	++	2,25
60.	Ich merke, daß ich keine Kontrolle habe, über das, was gerade bei mir entsteht.	+++	+++	++	2,75
61.	Ich habe das Gefühl, daß ich nichts zu kontrollieren brauche.	++++	+++	+	2,25
62.	Ich erkenne wie wenig Substanz meine Vorstellungen von mir haben.	++++ ++++		+	1,44
63.	**Wenn ich merke daß ich abwesend war, kehre ich sanft zur Erfahrung des Augenblicks zurück.**	++++ ++++			**1,0**
64.	Ich nehme meinen Körper nicht als getrennt von mir wahr. **Ich fühle mich getrennt von meinem Körper.**	++++ ++	+		**1,29**

Item Nr.	Statement	geeig-net	weni-ger geei-gnet	unge-eignet	Note
65.	Ich verliere mich nicht in Extremen. **Ich erlebe starke emotionale Schwankungen.**	++++ +++	+	+	**1,67**
66.	Ich bemerke alles Mögliche an kleinen Dingen und Einzelheiten in der Welt, die mich umgibt. **Ich bemerke viele kleine Dinge und Einzelheiten in der Welt, die mich umgibt.**	++++ +++	+		**1,25**
67.	**Ich bin mir selbst gegenüber freundlich, wenn Dinge schieflaufen.**	++++ ++++			**1,0**
68.	Ich werde von meinen Gedanken und Gefühlen leicht weggetragen. **Ich lasse mich von meinen Gedanken und Gefühlen leicht wegtragen.**	++++ ++++	+		**1,22**
69.	Ich habe das Gefühl, daß ich mir vollkommen bewußt bin, was um mich herum und in mir geschieht.	++++	+++	+	2,25
70.	Ich bin mir meines Körpers in seiner Gesamtheit bewußt. **Ich bin mir meines Körpers bewußt.**	++++ +	+	+	**1,86**
71.	Ich bemühe mich mit unangenehmen, schmerzhaften Empfindungen und Gefühlen in Kontakt zu bleiben. **Ich bleibe mit unangenehmen, schmerzhaften Empfindungen und Gefühlen in Kontakt.**	++++ +++			**1,0**
72.	Ich rufe mir in Erinnerung, daß Gedanken keine Tatsachen sind. **Ich erkenne, daß ich nicht mit meinen Gedanken identisch bin.**	++++	+++	+	**2,25**
73.	**In schwierigen Situationen kann ich innehalten.**	+			

Quellenangabe der Items

Experiences Questionnaire (Teasdale, Segal & Williams, 1997):

Item–Nr: 10, 38, 47, 53, 66, 67, 68, 69, 70, 72 des Itempools

(Davon wurden Item-Nr.: 38, 47, 67 und 68 in die Endform des „Freiburger Fragebogens zur Achtsamkeit“ (FFA) mit aufgenommen; teilweise in erheblich veränderter Form)

Alle übrigen Items wurden wie in Kapitel 3.3.2. beschrieben anhand von Literaturstudien formuliert.

• Anhang B: Hauptuntersuchung

B1 Fragebogen zur Erfassung von Erfahrung und Erleben (FEE) [Vorform des „Freiburger Fragebogen zur Achtsamkeit" (FFA)] - Version zu Kursbeginn und zu Kursende

B2 Codierliste

Fragebogen zur Erfassung von Erfahrung und Erleben (FEE)

[Vorform des „Freiburger Fragebogens zur Achtsamkeit“ (FFA)]

Fragebogen zur Erfassung von Erfahrung und Erleben

Dieser Fragebogen soll Ihre Erfahrung und Ihr Erleben erfassen.
Bitte beziehen Sie dabei die Aussagen auf die letzten ___ Tage. Kreuzen Sie bitte bei jeder Frage die Antwort an, die am besten auf Sie zutrifft.
Wir möchten Sie bitten, so ehrlich und spontan wie möglich zu antworten.
Es gibt keine „richtigen" oder „falschen" und keine „guten" oder „schlechten" Antworten. Ihre persönlichen Erfahrungen sind uns wichtig.

Vielen Dank für Ihr Bemühen!

		fast nie	eher selten	relativ oft	fast immer
1.	Ich beobachte meine Gedanken, wie sie kommen und gehen.				
2.	Ich spüre Momente innerer Freude und Zufriedenheit ohne äußeren Anlaß.				
3.	Ich versuche in Kontakt zu sein mit dem, was gerade ist, hier und jetzt.				
4.	Ich bin mir meines Körpers bewusst.				
5.	Ich erlebe starke, emotionale Schwankungen.				
6.	Ich sehe meine Fehler und Schwierigkeiten, ohne mich zu verurteilen.				
7.	Ich interessiere mich für das, was in meinem Körper und Geist vor sich geht.				
8.	Ich spüre auch in unangenehme Empfindungen hinein.				
9.	Ich kann mich selbst wertschätzen.				
10.	Ich beobachte meine Gefühle, ohne mich in ihnen zu verlieren.				
11.	Wenn ich merke, dass ich abwesend war, kehre ich sanft zur Erfahrung des Augenblicks zurück.				
12.	Ich nehme wahr, wie sich meine Gefühle im Körper ausdrücken.				

Fragebogen zur Erfassung von Erfahrung und Erleben

Dieser Fragebogen soll Ihre Erfahrung und Ihr Erleben erfassen.
Bitte beziehen Sie dabei die Aussagen auf die letzten ___ Tage des Kurses.
Kreuzen Sie bitte bei jeder Frage die Antwort an, die am besten für Sie zutrifft.
Wir möchten Sie bitten, so ehrlich und spontan wie möglich zu antworten.
Es gibt keine „richtigen" oder „falschen" und keine „guten" oder „schlechten" Antworten.
Ihre persönlichen Erfahrungen sind uns wichtig.

Vielen Dank für Ihr Bemühen!

		fast nie	eher selten	relativ oft	fast immer
1.	Ich beobachte meine Gedanken, wie sie kommen und gehen.				
2.	Ich spüre Momente innerer Freude und Zufriedenheit ohne äußeren Anlaß.				
3.	Ich versuche in Kontakt zu sein mit dem, was gerade ist, hier und jetzt.				
4.	Ich bin mir meines Körpers bewusst.				
5.	Ich erlebe starke, emotionale Schwankungen.				
6.	Ich sehe meine Fehler und Schwierigkeiten, ohne mich zu verurteilen.				
7.	Ich interessiere mich für das, was in meinem Körper und Geist vor sich geht.				
8.	Ich spüre auch in unangenehme Empfindungen hinein.				
9.	Ich kann mich selbst wertschätzen.				
10.	Ich beobachte meine Gefühle, ohne mich in ihnen zu verlieren.				
11.	Wenn ich merke, dass ich abwesend war, kehre ich sanft zur Erfahrung des Augenblicks zurück.				
12.	Ich nehme wahr, wie sich meine Gefühle im Körper ausdrücken.				

13.	Ich verurteile mich, wenn ich merke, daß ich bewerte.				
14.	Ich bleibe mit unangenehmen, schmerzhaften Empfindungen und Gefühlen in Kontakt.				
15.	Ich erkenne einige Motive und Bedürfnisse, die meinen Handlungen zugrunde liegen.				
16.	Ich merke, dass ich nicht auf alles reagieren muss, was mir gerade in den Sinn kommt.				
17.	Ich beobachte meine Gedanken, ohne mich mit ihnen zu identifizieren.				
18.	Ich verliere mich im Inhalt meiner Gedanken.				
19.	Ich bin mir der Flüchtigkeit und Vergänglichkeit meiner Erfahrungen bewusst.				
20.	Ich nehme wahr, was in mir und um mich herum vorgeht.				
21.	Ich betrachte Dinge aus mehreren Perspektiven.				
22.	Ich sehe, wie ich mir selbst Leiden schaffe.				
23.	Ich nehme meine Gefühle wahr, ohne auf sie reagieren zu müssen.				
24.	Ich akzeptiere mich so wie ich bin.				
25.	Ich spüre in meinen Körper hinein, sei es beim Essen, Kochen, Putzen, Reden.				
26.	Ich bemerke viele kleine Dinge und Einzelheiten in der Welt, die mich umgibt.				
27.	Ich nehme unangenehme Erfahrungen an.				
28.	Ich lasse mich von meinen Gedanken und Gefühlen leicht wegtragen.				
29.	Ich beobachte das Kommen und Gehen von Erfahrungen.				
30.	Ich fühle mich getrennt von meinem Körper.				

		fast nie	eher selten	relativ oft	fast immer
31.	Ich bin mir selbst gegenüber freundlich, wenn Dinge schief laufen.				
32.	Ich erkenne, dass ich nicht mit meinen Gedanken identisch bin.				
33.	Ich bin offen für die Erfahrung des Augenblicks.				
34.	In schwierigen Situationen kann ich innehalten.				
35.	Ich wehre mich innerlich gegen unangenehme Gefühle.				
36.	Ich erlebe Momente innerer Ruhe und Gelassen-heit, selbst wenn äußerlich Schmerzen und Unruhe da sind.				
37.	Ich bin ungeduldig mit mir und meinen Mitmenschen.				
38.	Ich kann darüber lächeln, wenn ich sehe, wie ich mir manchmal das Leben schwer mache.				

Bitte beantworten Sie nun einige Fragen zu Ihrer Person.

Alter:	____ Jahre	
Geschlecht:	männlich weiblich	
Konfession:	evangelisch	katholisch
	buddhistisch	keine Konfession
	sonstige ________________	
	praktizierend	nicht praktizierend
	sonstiges _______________	
Familienstand:	ledig	verheiratet
	geschieden	verwitwet
Lebenssituation:	allein	mit PartnerIn/ EhepartnerIn
	bei den Eltern	in Wohngemeinschaft
Beruf:	______________________________________	

Seit wann praktizieren Sie Vipassana-Meditation?
Seit____ Jahren Monaten

Wie oft praktizieren Sie (im Durchschnitt)?	mehrmals täglich	täglich
	2-3x die Woche	jede Woche
	sonstiges ___________	

Für wie lange? ___ mal für ____ Minuten pro Tag pro Woche

Vielen Dank für Ihre Mitarbeit!

Codierliste

Achtsamkeit:

Für Item-Nr.: 1, 2, 3, 4, 6, 7, 8, 9, 10, 11, 12, 14, 15, 16, 17, 19, 20, 21, 22, 23, 24, 25, 26, 27, 29, 31, 32, 33, 34, 36, 38:

Wertebereich: 1 bis 4, wobei:
1 = fast nie
2 = eher selten
3 = relativ oft
4 = fast immer

Für Item-Nr.: 5, 13, 18, 28, 30, 35, 37:

Wertebereich: 1 bis 4, wobei:
1 = fast immer
2 = relativ oft
3 = eher selten
4 = fast nie

Soziodemographische Angaben:

Alter

Wertebereich: Angabe in Jahren

Geschlecht

Wertebereich: 1 - 2; wobei:
1 = männlich
2 = weiblich

Konfession

Wertebereich: 1 – 5, wobei
1 = evangelisch
2 = katholisch
3 = buddhistisch
4 = keine Konfession
5 = sonstige

Praxis

Wertebereich: 1 – 3, wobei
1 = praktizierend
2 = nicht praktizierend
3 = sonstiges

Familienstand

Familienstand

Wertebereich: 1 - 4, wobei
1 = ledig
2 = verheiratet
3 = geschieden
4 = verwitwet

Lebenssituation

Wertebereich: 1 – 4, wobei
1 = allein
2 = mit PartnerIn/ EhepartnerIn
3 = bei den Eltern
4 = in Wohngemeinschaft

Beruf

Wertebereich: inhaltliche Angaben

Angaben zur Vipassana-Meditationspraxis:

Seit wann praktizieren Sie Vipassana-Meditation?

Wertebereich: Angaben in Jahren und Monaten

Wie oft praktizieren Sie (im Durchschnitt)?

Wertebereich: 1 – 5, wobei
1 = mehrmals täglich
2 = täglich
3 = 2-3x die Woche
4 = jede Woche
5 = sonstiges

Für wie lange?

Wertebereich: Angaben in Minuten pro Tag bzw. Woche

Anhang C: Ergänzungen zur faktorenanalytischen Überprüfung

C1 Vierfaktorielle Lösung zu t1 (Orthogonale und oblique Rotation)

C2 Vierfaktorielle Lösung zu t2 (Orthogonale und oblique Rotation)

Ergänzungen zur faktorenanalytischen Überprüfung zu t1

Erklärte Gesamtvarianz zu t1 (SPSS-Ausdruck)

	Anfängliche Eigenwerte			Summen von quadrierten Faktor-ladungen für Extraktion			Rotierte Summe der quadrierten Ladungen
Kompo-nente	Gesamt	% der Varianz	Kumulierte %	Gesamt	% der Varianz	Kumulierte %	Gesamt
1	10,565	35,216	35,216	10,565	35,216	35,216	8,135
2	2,186	7,285	42,501	2,186	7,285	42,501	5,723
3	1,918	6,394	48,895	1,918	6,394	48,895	5,140
4	1,489	4,964	53,858	1,489	4,964	53,858	4,067
5	1,222	4,073	57,931				
6	1,139	3,798	61,729				
7	1,057	3,522	65,251				
8	1,004	3,346	68,597				
9	,906	3,018	71,616				
10	,828	2,761	74,377				
11	,715	2,382	76,760				
12	,678	2,260	79,020				
13	,647	2,157	81,176				
14	,571	1,904	83,080				
15	,548	1,826	84,906				
16	,502	1,672	86,578				
17	,476	1,587	88,164				
18	,417	1,389	89,553				
19	,410	1,366	90,919				
20	,376	1,254	92,172				
21	,334	1,115	93,287				
22	,329	1,097	94,384				
23	,305	1,016	95,400				
24	,290	,966	96,367				
25	,235	,783	97,150				
26	,219	,729	97,878				
27	,199	,663	98,541				
28	,158	,528	99,069				
29	,150	,501	99,571				
30	,129	,429	100,000				

Extraktionsmethode: Hauptkomponentenanalyse.

a Wenn Komponenten korreliert sind, können die Summen der quadrierten Ladungen nicht addiert werden, um eine Gesamtvarianz zu erhalten.

VIERFAKTORIELLE LÖSUNG ZU T1

Nicht-rotierte Komponentenmatrix (SPSS-Ausdruck)

	Komponente			
	1	2	3	4
IT32_1_1	,732	-,348	,137	5,046E-02
IT23_1_1	,721	-,143	-,201	8,634E-02
IT10_1_1	,697	-,174	-,204	-5,939E-02
IT3_1_1	,686	1,318E-02	-,130	-,229
IT27_1_1	,671	9,765E-02	,195	6,966E-02
IT17_1_1	,670	-,260	-4,841E-02	-8,949E-02
IT11_1_1	,664	-,241	-,201	-,262
IT16_1_1	,649	-5,478E-02	,106	,348
IT18N_1	,642	-,167	-,313	-,157
IT8_1_1	,633	-4,504E-02	,449	-,295
IT12_1_1	,627	-,242	,124	-7,448E-02
IT33_1_1	,625	,256	1,977E-02	,250
IT28N_1	,612	-,117	-,525	4,016E-02
IT34_1_1	,604	3,351E-02	-,103	,140
IT19_1_1	,603	-,257	-2,910E-02	,314
IT29_1_1	,598	-,231	4,734E-02	,231
IT25_1_1	,594	-,115	-5,287E-02	-,178
IT36_1_1	,586	8,589E-02	,103	-9,663E-02
IT9_1_1	,544	,484	-,128	7,989E-02
IT14_1_1	,544	-1,999E-02	,416	-,434
IT35N_1	,533	,210	,139	-,236
IT37N_1	,513	,152	-,362	9,476E-03
IT38_1_1	,504	,436	,220	,241
IT6_1_1	,495	,338	-,123	-,355
IT1_1_1	,442	-,383	-,145	-7,456E-02
IT15_1_1	,442	,200	,442	5,454E-02
IT31_1_1	,592	,610	-3,478E-03	-6,461E-02
IT24_1_1	,445	,610	-,299	8,225E-02
IT22_1_1	,459	-,119	,613	9,152E-02
IT21_1_1	,498	-,125	7,890E-02	,603

Extraktionsmethode: Hauptkomponentenanalyse.
a 4 Komponenten extrahiert

Orthogonale Rotation

Rotierte Komponentenmatrix (SPSS-Ausdruck)

	Komponente			
	1	2	3	4
IT11_1_1	,729	,138	,234	4,801E-02
IT28N_1	,709	,309	-,171	,195
IT18N_1	,704	,222	9,264E-02	9,203E-02
IT10_1_1	,661	,216	,164	,224
IT23_1_1	,618	,257	,118	,355
IT17_1_1	,616	9,112E-02	,288	,236
IT3_1_1	,575	,349	,290	5,561E-02
IT1_1_1	,570	-9,284E-02	,103	,156
IT32_1_1	,567	7,289E-04	,405	,440
IT25_1_1	,524	,180	,289	,101
IT12_1_1	,489	4,459E-02	,401	,266
IT34_1_1	,391	,331	,125	,343
IT24_1_1	,122	,800	-7,014E-02	8,010E-02
IT31_1_1	,113	,789	,291	7,847E-02
IT9_1_1	,163	,695	,109	,179
IT38_1_1	-5,991E-02	,553	,304	,387
IT6_1_1	,326	,536	,268	-,190
IT33_1_1	,204	,503	,190	,434
IT37N_1	,441	,453	-6,693E-02	,114
IT8_1_1	,299	,129	,757	,113
IT14_1_1	,285	,115	,749	-5,603E-02
IT22_1_1	2,658E-02	-4,431E-02	,653	,424
IT15_1_1	-4,285E-02	,262	,528	,291
IT35N_1	,248	,381	,444	8,842E-03
IT27_1_1	,276	,341	,423	,363
IT36_1_1	,320	,311	,380	,166
IT21_1_1	,174	,114	3,335E-02	,767
IT16_1_1	,299	,230	,226	,603
IT19_1_1	,445	6,815E-02	,109	,561
IT29_1_1	,414	6,714E-02	,202	,499

Extraktionsmethode: Hauptkomponentenanalyse.
Rotationsmethode: Varimax mit Kaiser-Normalisierung.
a Die Rotation ist in 7 Iterationen konvergiert.

Komponententransformationsmatrix (SPSS-Ausdruck)

Komponente	1	2	3	4
1	,657	,453	,438	,414
2	-,485	,856	,013	-,180
3	-,499	-,249	,801	,218
4	-,290	,024	-,409	,865

Extraktionsmethode: Hauptkomponentenanalyse.
Rotationsmethode: Varimax mit Kaiser-Normalisierung.

Oblique Rotation

Mustermatrix (SPSS-Ausdruck)

	Komponente			
	1	2	3	4
IT11_1_1	,758	2,496E-03	,119	-9,897E-02
IT28N_1	,736	,218	-,336	9,957E-02
IT18N_1	,727	,107	-3,961E-02	-3,673E-02
IT10_1_1	,659	,100	3,645E-02	9,657E-02
IT1_1_1	,618	-,209	2,410E-02	7,548E-02
IT17_1_1	,614	-3,562E-02	,188	,109
IT23_1_1	,596	,152	-1,788E-02	,242
IT3_1_1	,549	,250	,178	-9,679E-02
IT32_1_1	,540	-,137	,320	,318
IT25_1_1	,513	7,743E-02	,201	-2,687E-02
IT12_1_1	,466	-7,290E-02	,332	,145
IT37N_1	,416	,411	-,197	2,568E-02
IT34_1_1	,335	,271	1,659E-02	,252
IT24_1_1	1,483E-02	,839	-,188	3,941E-03
IT31_1_1	-2,959E-02	,801	,198	-4,840E-02
IT9_1_1	4,792E-02	,703	2,274E-03	8,412E-02
IT38_1_1	-,220	,572	,248	,315
IT6_1_1	,274	,499	,185	-,330
IT33_1_1	8,590E-02	,481	9,026E-02	,348
IT14_1_1	,227	1,596E-02	,743	-,218
IT8_1_1	,222	2,516E-02	,739	-4,688E-02
IT22_1_1	-7,586E-02	-,110	,672	,345
IT15_1_1	-,171	,242	,522	,207
IT35N_1	,171	,330	,391	-,125
IT27_1_1	,173	,278	,349	,246
IT36_1_1	,251	,245	,311	4,395E-02
IT21_1_1	9,112E-02	7,673E-02	-4,645E-02	,757
IT16_1_1	,211	,166	,135	,530
IT19_1_1	,412	-2,209E-02	9,466E-03	,498
IT29_1_1	,375	-2,410E-02	,117	,425

Extraktionsmethode: Hauptkomponentenanalyse.
Rotationsmethode: Oblimin mit Kaiser-Normalisierung.
a Die Rotation ist in 19 Iterationen konvergiert.

Strukturmatrix (SPSS-Ausdruck)

	Komponente			
	1	2	3	4
IT11_1_1	,768	,284	,335	,147
IT18N_1	,742	,348	,209	,181
IT28N_1	,736	,412	-2,205E-02	,268
IT10_1_1	,734	,361	,295	,312
IT23_1_1	,714	,404	,270	,436
IT17_1_1	,692	,251	,400	,323
IT32_1_1	,683	,196	,533	,524
IT3_1_1	,667	,473	,393	,150
IT25_1_1	,597	,306	,377	,183
IT12_1_1	,586	,205	,496	,346
IT1_1_1	,573	3,073E-02	,185	,219
IT34_1_1	,509	,441	,255	,402
IT31_1_1	,303	,832	,383	,140
IT24_1_1	,254	,796	3,342E-02	,118
IT9_1_1	,322	,737	,219	,229
IT38_1_1	,151	,616	,403	,419
IT33_1_1	,384	,599	,327	,484
IT6_1_1	,415	,582	,319	-,114
IT37N_1	,507	,513	4,766E-02	,173
IT8_1_1	,451	,286	,804	,202
IT14_1_1	,406	,248	,766	3,195E-02
IT22_1_1	,196	,100	,704	,468
IT15_1_1	,139	,354	,581	,331
IT27_1_1	,452	,475	,535	,432
IT35N_1	,376	,468	,499	8,083E-02
IT36_1_1	,449	,422	,464	,237
IT21_1_1	,319	,238	,188	,786
IT16_1_1	,464	,374	,374	,654
IT19_1_1	,549	,219	,256	,614
IT29_1_1	,525	,218	,333	,556

Extraktionsmethode: Hauptkomponentenanalyse.
Rotationsmethode: Oblimin mit Kaiser-Normalisierung.

Komponentenkorrelationsmatrix (SPSS-Ausdruck)

Komponente	1	2	3	4
1	1,000	,355	,317	,285
2	,355	1,000	,258	,186
3	,317	,258	1,000	,245
4	,285	,186	,245	1,000

Extraktionsmethode: Hauptkomponentenanalyse.
Rotationsmethode: Oblimin mit Kaiser-Normalisierung.

Ergänzungen zur faktorenanalytischen Überprüfung zu t2

Erklärte Gesamtvarianz zu t2 (SPSS-Ausdruck)

	Anfängliche Eigenwerte			Summen von quadrierten Faktorladungen für Extraktion			Rotierte Summe der quadrierten Ladungen		
Komponente	Gesamt	% der Varianz	Kumulierte %	Gesamt	% der Varianz	Kumulierte %	Gesamt	% der Varianz	Kumulierte %
1	10,738	35,793	35,793	10,738	35,793	35,793	5,114	17,048	17,048
2	1,989	6,629	42,422	1,989	6,629	42,422	4,582	15,272	32,320
3	1,660	5,535	47,957	1,660	5,535	47,957	3,129	10,431	42,750
4	1,520	5,066	53,023	1,520	5,066	53,023	3,082	10,272	53,023
5	1,292	4,305	57,328						
6	1,116	3,721	61,049						
7	1,075	3,584	64,633						
8	,933	3,110	67,742						
9	,855	2,851	70,594						
10	,847	2,825	73,419						
11	,793	2,643	76,062						
12	,722	2,405	78,467						
13	,678	2,262	80,729						
14	,626	2,088	82,817						
15	,574	1,913	84,730						
16	,539	1,795	86,525						
17	,497	1,657	88,182						
18	,457	1,522	89,704						
19	,424	1,414	91,117						
20	,385	1,283	92,400						
21	,335	1,115	93,515						
22	,321	1,071	94,587						
23	,296	,988	95,575						
24	,268	,894	96,469						
25	,235	,784	97,253						
26	,223	,744	97,997						
27	,205	,683	98,680						
28	,150	,499	99,179						
29	,139	,463	99,642						
30	,108	,358	100,000						

Extraktionsmethode: Hauptkomponentenanalyse.

VIERFAKTORIELLE LÖSUNG ZU T2

Nicht-rotierte Komponentenmatrix (SPSS-Ausdruck)

	Komponente			
	1	2	3	4
IT23_2_1	,797	-4,766E-03	-7,779E-02	-,238
IT31_2_1	,728	-,289	-,255	,102
IT17_2_1	,718	,160	8,752E-02	-9,504E-02
IT27_2_1	,685	-,149	-9,243E-02	,280
IT29_2_1	,660	,216	-,184	4,343E-02
IT8_2_1	,642	,224	-,334	9,787E-02
IT28N_2	,635	-,146	,164	-,531
IT9_2_1	,628	-,521	-7,128E-03	8,667E-02
IT11_2_1	,628	,333	-7,084E-02	-5,439E-02
IT34_2_1	,625	-8,989E-02	-6,627E-02	-2,255E-02
IT38_2_1	,618	-3,516E-02	8,265E-02	,319
IT36_2_1	,615	-3,407E-02	,131	,107
IT10_2_1	,612	-,160	,359	-,304
IT33_2_1	,587	-1,067E-02	-9,893E-02	,186
IT19_2_1	,572	-,180	-,275	-3,150E-02
IT22_2_1	,572	,461	,144	,190
IT15_2_1	,557	,140	,379	,235
IT25_2_1	,554	,281	4,220E-02	-4,564E-04
IT12_2_1	,551	7,493E-02	,345	-4,408E-02
IT14_2_1	,550	,236	-,376	,195
IT32_2_1	,550	5,955E-02	-,172	-5,394E-02
IT3_2_1	,549	,360	-,196	-,182
IT1_2_1	,532	,309	,330	,149
IT16_2_1	,529	,299	-,110	-,102
IT6_2_1	,528	-,323	,106	3,795E-02
IT35N_2	,527	-,273	4,613E-02	-,200
IT21_2_1	,473	-,141	,442	,472
IT24_2_1	,561	-,587	2,018E-02	,146
IT37N_2	,490	-,228	-,492	-,139
IT18N_2	,546	5,629E-02	,294	-,561

Extraktionsmethode: Hauptkomponentenanalyse.

a 4 Komponenten extrahiert

Othogonale Rotation

Rotierte Komponentenmatrix (SPSS-Ausdruck)

	Komponente			
	1	2	3	4
IT8_2_1	,697	,284	,129	2,877E-02
IT14_2_1	,669	,254	,118	-,106
IT3_2_1	,653	3,526E-02	6,180E-02	,266
IT29_2_1	,625	,251	,209	,143
IT11_2_1	,618	9,472E-02	,245	,250
IT16_2_1	,559	6,599E-02	,144	,234
IT22_2_1	,545	-3,873E-02	,534	,112
IT23_2_1	,524	,411	,137	,485
IT17_2_1	,487	,229	,334	,397
IT25_2_1	,482	7,687E-02	,313	,227
IT32_2_1	,460	,288	8,613E-02	,192
IT33_2_1	,399	,393	,270	4,825E-02
IT24_2_1	-2,344E-02	,785	,200	,155
IT9_2_1	7,174E-02	,766	,189	,216
IT31_2_1	,401	,707	,113	,125
IT27_2_1	,372	,571	,337	2,393E-02
IT37N_2	,420	,539	-,268	,120
IT6_2_1	7,115E-02	,520	,242	,249
IT19_2_1	,384	,515	-1,475E-02	,154
IT35N_2	,134	,446	7,837E-02	,413
IT34_2_1	,360	,424	,176	,251
IT21_2_1	-3,461E-02	,354	,732	6,103E-03
IT15_2_1	,221	,151	,650	,188
IT1_2_1	,334	1,632E-03	,593	,216
IT38_2_1	,306	,411	,477	3,161E-02
IT12_2_1	,199	,149	,456	,401
IT36_2_1	,283	,353	,393	,222
IT18N_2	,218	6,702E-02	,129	,796
IT28N_2	,218	,311	4,821E-02	,766
IT10_2_1	9,104E-02	,306	,297	,656

Extraktionsmethode: Hauptkomponentenanalyse.
Rotationsmethode: Varimax mit Kaiser-Normalisierung.
a Die Rotation ist in 12 Iterationen konvergiert.

Komponententransformationsmatrix (SPSS-Ausdruck)

Komponente	1	2	3	4
1	,606	,549	,406	,408
2	,599	-,771	,210	-,062
3	-,523	-,251	,697	,420
4	-,012	,206	,552	-,808

Extraktionsmethode: Hauptkomponentenanalyse.
Rotationsmethode: Varimax mit Kaiser-Normalisierung.

Oblique Rotation

Mustermatrix (SPSS-Ausdruck)

	Komponente			
	1	2	3	4
IT14_2_1	,738	-,131	1,356E-02	,230
IT8_2_1	,737	-,135	1,839E-03	8,758E-02
IT3_2_1	,668	,155	-6,199E-02	-,205
IT29_2_1	,627	-9,687E-02	8,549E-02	-4,522E-02
IT11_2_1	,608	8,386E-02	,129	-,173
IT16_2_1	,558	9,660E-02	3,769E-02	-,173
IT22_2_1	,539	,192	,471	-1,797E-02
IT25_2_1	,455	6,925E-02	,223	-,161
IT32_2_1	,441	-,169	-2,923E-02	-,126
IT23_2_1	,435	-,239	-3,305E-02	-,430
IT17_2_1	,409	-6,389E-02	,208	-,336
IT33_2_1	,375	-,314	,176	4,724E-02
IT24_2_1	-,151	-,810	,105	-,101
IT9_2_1	-5,374E-02	-,759	7,563E-02	-,158
IT31_2_1	,347	-,636	-3,187E-02	-2,589E-02
IT27_2_1	,326	-,511	,232	8,934E-02
IT6_2_1	-4,397E-02	-,492	,154	-,210
IT37N_2	,423	-,461	-,413	-5,892E-02
IT19_2_1	,352	-,435	-,145	-8,469E-02
IT34_2_1	,295	-,325	5,648E-02	-,187
IT21_2_1	-,145	-,370	,726	7,115E-02
IT15_2_1	,130	-6,945E-02	,607	-,120
IT1_2_1	,271	,118	,546	-,152
IT38_2_1	,252	-,353	,404	7,104E-02
IT12_2_1	8,041E-02	-4,211E-02	,384	-,374
IT36_2_1	,200	-,268	,304	-,154
IT18N_2	5,891E-02	,105	2,663E-03	-,841
IT28N_2	5,098E-02	-,160	-,105	-,795
IT10_2_1	-9,246E-02	-,196	,186	-,670
IT35N_2	1,541E-02	-,377	-3,549E-02	-,401

Extraktionsmethode: Hauptkomponentenanalyse.
Rotationsmethode: Oblimin mit Kaiser-Normalisierung.
a Die Rotation ist in 19 Iterationen konvergiert.

Strukturmatrix (SPSS-Ausdruck)

	Komponente			
	1	2	3	4
IT8_2_1	,752	-,373	,219	-,243
IT29_2_1	,705	-,354	,298	-,343
IT14_2_1	,699	-,328	,192	-,103
IT11_2_1	,683	-,214	,334	-,419
IT23_2_1	,679	-,521	,253	-,665
IT3_2_1	,675	-,137	,155	-,403
IT17_2_1	,624	-,356	,427	-,570
IT22_2_1	,613	-,101	,594	-,294
IT16_2_1	,601	-,165	,225	-,371
IT25_2_1	,558	-,188	,384	-,376
IT32_2_1	,543	-,361	,165	-,344
IT33_2_1	,520	-,469	,334	-,243
IT34_2_1	,502	-,501	,255	-,418
IT24_2_1	,211	-,808	,248	-,320
IT9_2_1	,303	-,803	,252	-,391
IT31_2_1	,577	-,763	,201	-,350
IT27_2_1	,542	-,647	,404	-,257
IT6_2_1	,260	-,571	,294	-,385
IT19_2_1	,500	-,559	6,544E-02	-,319
IT37N_2	,493	-,550	-,183	-,259
IT21_2_1	,171	-,439	,739	-,177
IT15_2_1	,378	-,273	,690	-,352
IT1_2_1	,446	-,134	,641	-,365
IT38_2_1	,468	-,501	,528	-,243
IT36_2_1	,445	-,448	,455	-,395
IT28N_2	,389	-,403	,151	-,837
IT18N_2	,351	-,177	,220	-,832
IT10_2_1	,294	-,407	,374	-,744
IT12_2_1	,353	-,262	,513	-,519
IT35N_2	,298	-,499	,149	-,514

Extraktionsmethode: Hauptkomponentenanalyse.
Rotationsmethode: Oblimin mit Kaiser-Normalisierung.

Komponentenkorrelationsmatrix (SPSS-Ausdruck)

Komponente	1	2	3	4
1	1,000	-,360	,289	-,392
2	-,360	1,000	-,198	,309
3	,289	-,198	1,000	-,263
4	-,392	,309	-,263	1,000

Extraktionsmethode: Hauptkomponentenanalyse.
Rotationsmethode: Oblimin mit Kaiser-Normalisierung.

• Anhang D: Freiburger Fragebogen zur Achtsamkeit (FFA)

D1 Endform des in dieser Untersuchung entwickelten Fragebogens

Freiburger
Fragebogen zur Achtsamkeit
(FFA)

Freiburger Fragebogen zur Achtsamkeit

Dieser Fragebogen soll Ihre Achtsamkeit erfassen. Bitte beziehen Sie dabei die Aussagen auf die letzten__-Tage.
Kreuzen Sie bitte bei jeder Frage die Antwort an, die am besten auf Sie zutrifft.
Wir möchten Sie bitten, so ehrlich und spontan wie möglich zu antworten. Es gibt keine „richtigen„ oder „falschen„ und keine „guten„ oder „schlechten„ Antworten.
Ihre persönlichen Erfahrungen sind uns wichtig.
Vielen Dank für Ihr Bemühen!

		fast nie	eher selten	relativ oft	fast immer
1.	Ich bin offen für die Erfahrung des Augenblicks.				
2.	Ich erkenne, dass ich nicht mit meinen Gedanken identisch bin.				
3.	Ich spüre in meinen Körper hinein, sei es beim Essen, Kochen, Putzen, Reden.				
4.	Wenn ich merke, dass ich abwesend war, kehre ich sanft zur Erfahrung des Augenblicks zurück.				
5.	Ich kann mich selbst wertschätzen.				
6.	Ich nehme wahr, wie sich meine Gefühle im Körper ausdrücken.				
7.	Ich bleibe mit unangenehmen, schmerzhaften Empfindungen und Gefühlen in Kontakt.				
8.	Ich achte auf die Motive meiner Handlungen.				
9.	Ich lasse mich von meinen Gedanken und Gefühlen leicht wegtragen.				
10.	Ich merke, dass ich nicht auf alles reagieren muss, was mir gerade in den Sinn kommt.				
11.	Ich beobachte meine Gedanken, ohne mich mit ihnen zu identifizieren.				
12.	Ich beobachte meine Gedanken, wie sie kommen und gehen.				
13.	Ich verliere mich im Inhalt meiner Gedanken.				

Bitte beachten Sie die Rückseite!

		fast nie	eher selten	relativ oft	fast immer
14.	Ich bin mir der Flüchtigkeit und Vergänglichkeit meiner Erfahrungen bewusst.				
15.	Ich betrachte Dinge aus mehreren Perspektiven.				
16.	Ich sehe, wie ich mir selbst Leiden schaffe.				
17.	Ich sehe meine Fehler und Schwierigkeiten, ohne mich zu verurteilen.				
18.	Ich nehme meine Gefühle wahr, ohne auf sie reagieren zu müssen.				
19.	Ich akzeptiere mich so wie ich bin.				
20.	Ich spüre auch in unangenehme Empfindungen hinein.				
21.	Ich bin in Kontakt mit meinen Erfahrungen, hier und jetzt.				
22.	Ich nehme unangenehme Erfahrungen an.				
23.	Ich beobachte das Kommen und Gehen von Erfahrungen.				
24.	Ich bin mir selbst gegenüber freundlich, wenn Dinge schief laufen.				
25.	Ich beobachte meine Gefühle, ohne mich in ihnen zu verlieren.				
26.	In schwierigen Situationen kann ich innehalten.				
27.	Ich wehre mich innerlich gegen unangenehme Gefühle.				
28.	Ich erlebe Momente innerer Ruhe und Gelassenheit, selbst wenn äußerlich Schmerzen und Unruhe da sind.				
29.	Ich bin ungeduldig mit mir und meinen Mitmenschen.				
30.	Ich kann darüber lächeln, wenn ich sehe, wie ich mir manchmal das Leben schwer mache.				

Bitte überprüfen Sie noch einmal, ob Sie auch keine Zeile ausgelassen haben.

Vielen Dank für Ihre Mitarbeit!

Schriften zur Meditation und Meditationsforschung

Herausgegeben von Klaus Engel, Roderich Wahsner und Harald Walach

Band 2 Nina Buchheld: Achtsamkeit in Vipassana-Meditation und Psychotherapie. Die Entwicklung des "Freiburger Fragebogens zur Achtsamkeit" (FFA). 2000.

Band 3 Ulrich Ott: Merkmale der 40 Hz-Aktivität im EEG während Ruhe, Kopfrechnen und Meditation. 2000.

www.ingramcontent.com/pod-product-compliance
Ingram Content Group UK Ltd.
Pitfield, Milton Keynes, MK11 3LW, UK
UKHW021902290926
8980IPUK00015B/1007

9 783631 371534